J'ai compris!

Typische Französisch-Fehler sicher vermeiden

Dr. Birgit Klausmann

compact

Bisher sind in dieser Reihe erschienen:

- ♦ Ho capito! Typische Italienisch-Fehler sicher vermeiden
- ♦ Ich hab's kapiert! Typische Deutsch-Fehler sicher vermeiden
- ♦ I got it! Typische Englisch-Fehler sicher vermeiden
- ♦ J'ai compris! Typische Französisch-Fehler sicher vermeiden
- ♦ ¡Ya lo tengo! Typische Spanisch-Fehler sicher vermeiden

Baierbrunner Straße 27, 81379 München
Ausgabe 2016
3. Auflage

Redaktion: Marie Frey
Fachkorrektur: Dr. Marc Blancher
Produktion: Ute Hausleiter
Titelillustration: Florian Heubach
Gestaltung: seitenwind GmbH – Design und Kommunikation,
Regensburg; textum GmbH
Umschlaggestaltung: seitenwind GmbH – Design und Kommunikation,
Regensburg; Hartmut Baier

ISBN 978-3-8174-9330-2
381749330/3

www.compactverlag.de

Inhaltsverzeichnis

Inhalt

J'ai compris! Typische Französisch-Fehler sicher vermeiden

Das Lernen einer Fremdsprache geht mal leichter, mal schwerer voran ... Das ist ganz normal. Wer schafft es schon, immer alle Regeln, Sonderregeln und Ausnahmen im Kopf zu behalten? Dieses Buch hilft Ihnen dabei, Zweifelsfälle und Unsicherheiten in Wortschatz, Grammatik, Aussprache und Rechtschreibung ein für alle Mal abzulegen und so die häufigsten Französisch-Fehler sicher zu vermeiden.

Die übersichtliche Gliederung in die Themengebiete Wortschatz, Grammatik sowie Aussprache und Rechtschreibung macht es Ihnen leicht, sich ganz gezielt die Themen herauszusuchen, die Ihnen noch Schwierigkeiten machen. Die wichtigsten Fehlerquellen werden prägnant dargestellt und die häufigsten Schwierigkeiten in aller Klarheit erläutert. Infokästen und Lerntipps bieten interessantes Zusatzwissen und durch zahlreiche unterhaltsame Illustrationen prägen sich wichtige Regeln bildlich ein.

Am Ende jedes Unterkapitels finden Sie Übungen zum jeweils vorangehenden Thema. Zusätzliche Zwischentests im Anschluss an jeden der drei Themenbereiche bieten weitere Gelegenheit zur Überprüfung des Gelernten. Ob Sie nun die typischen Fehler endlich sicher vermeiden können, sehen Sie beim großen Abschlusstest am Ende des Buches.

Viel Spaß und Erfolg beim Französischlernen!

1. Wortschatz

1.1 „Falsche Freunde“ und häufig verwechselte Wörter

Einige französische Wörter haben zwar große Ähnlichkeit mit deutschen Wörtern, bedeuten aber etwas ganz anderes. Trauen Sie diesen **„falschen Freunden“** *(faux amis)* niemals!

Hier sind einige der wichtigsten:

l'appartement	= ***Wohnung***	≠ *Apartment*	= le studio
l'artiste	= ***Künstler***	≠ *Artist*	= l'acrobate
la balance	= ***Waage***	≠ *Balance*	= l'équilibre
blâmer	= ***tadeln***	≠ *blamieren*	= ridiculiser
la blouse	= ***Kittel***	≠ *Bluse*	= le chemisier
brave	= ***tapfer***	≠ *brav*	= sage
le clavier	= ***Tastatur***	≠ *Klavier*	= le piano
le concours	= ***Wettkampf***	≠ *Konkurs*	= la faillite
le coffre	= ***Truhe; Kofferraum***	≠ *Koffer*	= la valise
le costume	= ***Herrenanzug***	≠ *(Damen-)Kostüm*	= le tailleur
la délicatesse	= ***Takt, Zartheit***	≠ *Delikatesse*	= le mets fin

Wussten Sie schon?

Da haben wir den Salat!
Um die Verwirrung komplett zu machen, bedeutet das französische Wort **endive** *Chicorée* und umgekehrt heißt **chicorée** *Endivie*!

la fontaine	= ***Brunnen***	≠ *Fontäne*	= le jet d'eau
friser	= ***kraus werden/machen***	≠ *frisieren*	= coiffer
la glace	= ***Eis, Spiegel***	≠ *Glas*	= le verre
le gymnase	= ***Turnhalle***	≠ *Gymnasium*	= le lycée
l'infusion	= ***Kräutertee***	≠ *Infusion*	= la perfusion

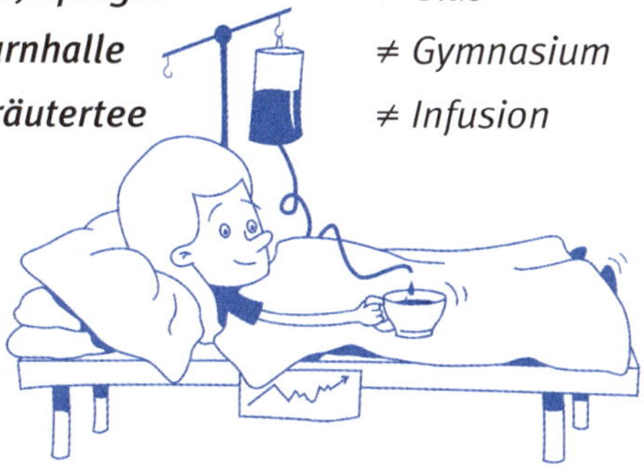

le manège	= ***Reitbahn; Karussell***	≠ *Manege*	= la piste
la marmelade	= ***Kompott***	≠ *Marmelade*	= la confiture
ordinaire	= ***normal, gewöhnlich***	≠ *ordinär*	= vulgaire
le paragraphe	= ***Absatz, Abschnitt***	≠ *Paragraf*	= l'article
la pile	= ***Batterie; Stapel***	≠ *Pille*	= la pilule
la politesse	= ***Höflichkeit***	≠ *Politesse*	= la contractuelle
la tablette	= ***Tafel, Platte***	≠ *Tablette*	= le comprimé
le trésor	= ***Schatz***	≠ *Tresor*	= le coffre-fort
le tricot	= ***Strickware, Strickweste***	≠ *Trikot*	= le maillot
la veste	= ***Jacke, Jackett***	≠ *Weste*	= le gilet
visiter	= ***besichtigen***	≠ *besuchen*	= venir/aller voir

Vorsicht besonders bei deutschen Wörtern französischen Ursprungs, die trotzdem nicht dasselbe bedeuten:

Apartment	≠ l'appartement *(= die Wohnung)*
Parterre	≠ le parterre *(= das Blumenbeet)*
Souterrain	≠ le souterrain *(= die Unterführung, der unterirdische Gang)*

„Falsche Freunde“ und häufig verwechselte Wörter

Manchmal gibt es zwei ähnliche französische Wörter, von denen ausgerechnet das die richtige Übersetzung ist, das *weniger* Ähnlichkeit mit dem Deutschen hat:

l'appareil	= *der Apparat*	≠ **l'apparat**	= *Prunk*
le banc	= *die (Sitz-)Bank*	≠ **la banque**	= *die Bank (Geldinstitut)*
s'entraîner	= *trainieren*	≠ **traîner**	= *hinter sich herziehen, herumliegen*
le palmier	= *die Palme*	≠ **la palme**	= *die Schwimmflosse*
le parti	= *die Partei*	≠ **la partie**	= *Teil, Stück*
le port	= *das Porto; der Hafen*	≠ **le porto**	= *Portwein*
efficace	= *effektiv*	≠ **effectif/ effectivement**	= *wirklich, tatsächlich*
familial	= *familiär*	≠ **familier**	= *vertraut, üblich, umgangssprachlich*
luxueux	= *luxuriös*	≠ **luxurieux**	= *lüstern, wollüstig*
original	= *originell*	≠ **origine**	= *ursprünglich*

Bei einigen französischen Wörtern ändert sich die Bedeutung sogar mit dem Genus:

la critique	= *die Kritik*	**le** critique	= *der Kritiker*
la mode	= *die Mode*	**le** mode	= *der Modus*
la physique	= *die Physik*	**le** physique	= *das Aussehen*
la poste	= *die Post*	**le** poste	= *der Posten*
la tour	= *der Turm*	**le** tour	= *die Tour*

Manchmal sind französische Wörter und ihre deutschen Pendants zwar „echte Freunde“ und bedeuten dasselbe, haben aber ein anderes Genus:

un ananas, **un** bar, **un** cigare, **un** épisode, **un** geste, **un** groupe, **un** jury, **un** numéro, **un** rôle	**une** auto, **une** date, **une** interview, **une** mer, **une** photo, **une** radio, **une** salade

Merkhilfe

Bitte auch nicht verwechseln:

la côte	= die Küste	**le côté**	= die Seite
étranger	= aus dem Ausland; fremd	**étrange**	= merkwürdig, seltsam
pleuvoir	= regnen	**pleurer**	= weinen

Vorsicht auch bei Endungen, die nicht so sind, wie man erwarten würde:

-iv	-isch
aktiv – actif, -ive	*egoistisch* – égoïste
progressiv – progressiste	*realistisch* – réaliste
konservativ – conservateur, -trice	*moralisch* – moral(e)
	lateinisch – latin(e)
	sadistisch – sadique
	bayerisch – bavarois(e)
	vegetarisch – végétarien, -ienne

-iell	-al
kommerziell – commercial(e)	*katastrophal* – catastrophique
speziell – spécial(e)	*rustikal* – rustique
finanziell – financier, -ière	*emotional* – émotif, -ive

sonstige

ambulant – ambulatoire
Biologe – biologiste
Orthografie – orthographe
Recycling – recyclage
Zitat – citation

1 Ergänzen Sie die Bildunterschriften!

1

....

2

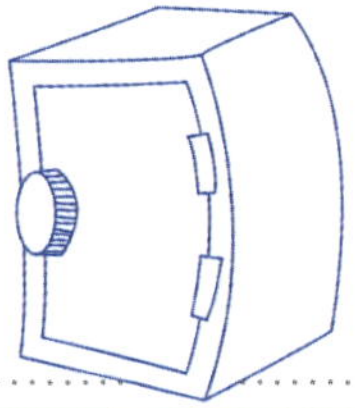

....

3

....

4

....

2 Übersetzen Sie die folgenden Sätze!

1. Kannst du mir eine Tablette geben?

....

2. Er wohnt in einem kleinen Apartment.

....

3. Was ist in dem Koffer?

....

4. Ich habe eine Tafel Schokolade gegessen.

....

3 Vervollständigen Sie die Sätze!

2. En Afrique, il y a beaucoup Palmen ....

3. Je trouve dieses Gerät .... très pratique.

4. Elle était assise sur eine Bank .... et lisait un livre.

4 Unterstreichen Sie die richtige Variante!

1. Et si on faisait un / une tour à vélo dimanche ?

2. Il est allé au / à la poste pour poster un colis.

3. Elle a un / une physique sympa.

4. Hier, je suis monté sur le / la tour Eiffel.

Wussten Sie schon?

Der Eiffelturm in Paris ist 324 Meter hoch und wurde zur Weltausstellung 1889 eröffnet.

1.2 Die Katze im Hals – Sprichwörter und Redewendungen

Redewendungen und Sprichwörter kann man meist nicht wörtlich in eine andere Sprache übersetzen. Oder können Sie sich erklären, was ein „großes Gemüse" oder ein „Hasengedächtnis" ist oder was eine Katze in Ihrem Hals zu suchen hat?

Bei diesen bildlichen und idiomatischen Ausdrücken zeigt sich, wie unterschiedlich die verschiedenen Kulturen der Welt sind: Dem Franzosen hängt der Magen vor Hunger nicht in den Kniekehlen, sondern in den Absätzen (*avoir l'estomac dans les talons*). Und während man bei uns etwas sachlicher ist, empfindet ein verliebtes Paar in Frankreich die „Liebe auf den ersten Blick" als temperamentvollen Blitzschlag (*le coup de foudre*).

Einige Sprichwörter und Redewendungen, die man nicht wörtlich übersetzen kann:

Les loups ne se mangent pas entre eux. (wörtlich: *Wölfe fressen sich nicht gegenseitig.*)	*Eine Krähe hackt der anderen kein Auge aus.*
avoir un chat dans la gorge (wörtlich: *eine Katze im Hals haben*)	*einen Frosch im Hals haben*
avoir la gueule de bois (wörtlich: *eine Holzschnauze haben*)	*einen Kater haben*

une grosse légume (wörtlich: *ein großes Gemüse*)	*ein hohes Tier*

Info

Bis ins 18. Jh. war das Wort *légume* (Gemüse) ein feminines Substantiv. Heute ist es maskulin, behält jedoch sein ursprüngliches Genus in der Wendung *grosse légume* f.

avoir une araignée au plafond (wörtlich: *eine Spinne an der Decke haben*)	*nicht alle Tassen im Schrank haben*
avoir une mémoire de lièvre (wörtlich: *ein Hasengedächtnis haben*)	*ein Gedächtnis wie ein Sieb haben*
ne pas être dans son assiette (wörtlich: *nicht in seinem Teller sein)*	*sich nicht wohlfühlen*
filer à l'anglaise (wörtlich: *auf englische Art weggehen*)	*gehen, ohne sich zu verabschieden*
avoir d'autres chats à fouetter (wörtlich: *andere Katzen zu peitschen haben*)	*ganz andere Sorgen haben*
connu comme le loup blanc (wörtlich: *bekannt wie der weiße Wolf)*	*bekannt wie ein bunter Hund*
être à poil (wörtlich: *bis aufs (Körper)Haar)*	*splitternackt sein*

Wusssten Sie schon?

Es sind immer die anderen: Ein unhöflicher Franzose geht auf **englische** Art weg, wenn er geht, ohne sich zu verabschieden. Ein ungehobelter Deutscher in derselben Situation jedoch verabschiedet sich auf **Französisch**.

Merkhilfe

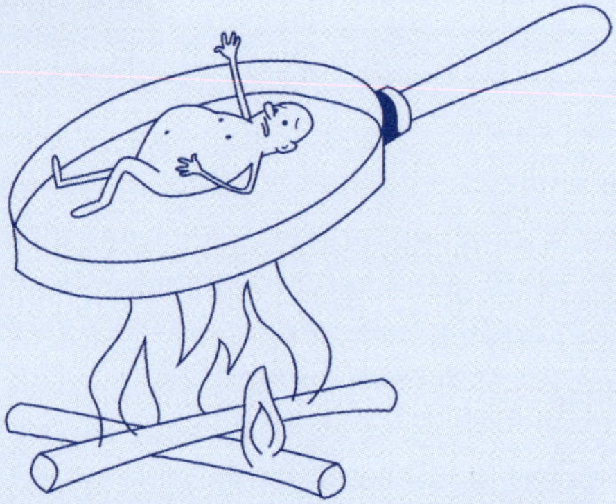

Verwechseln Sie nicht
„à poil" *(splitternackt)* mit
„à point" = *(medium gebraten)*!

Selbst, wenn die Bilder in beiden Sprachen ähnlich oder fast gleich sind, gibt es noch Fallen! Vorsicht bei der Formulierung!

Jamais deux sans trois.	*Aller guten Dinge sind drei.*
avoir des yeux *de* lynx	*Augen wie ein Luchs haben*
être le *bras* droit de qn	*jemandes rechte Hand sein*
Trop de cuisiniers gâtent la *sauce*.	*Viele Köche verderben den Brei.*

5 Finden Sie die passenden idiomatischen Ausdrücke und übersetzen Sie ins Französische!

1. Meine Tante ist bekannt wie ein bunter Hund in unserer Stadt.

....

2. Ich fühle mich heute nicht wohl.

....

3. Mein Bruder ist ein hohes Tier in der Politik.

....

4. Ich habe einen Frosch im Hals!

....

6 Ergänzen Sie die folgenden Sätze!

1. Ma grand-mère oublie tout. Elle a ....

2. J'ai trop bu, hier soir. J'ai la ....

3. Je ne dis pas au revoir. Je ....

4. Il voit tout. Il a vraiment des yeux ....

Lerntipp

Redewendungen und Sprichwörter kann man nicht wörtlich übersetzen, sondern muss sie als ganze Ausdrücke lernen. Aber das macht großen Spaß, denn oft sind sie sehr lustig und prägen sich leicht ein.

1.3 Ein deutsches Wort – mehrere französische Wörter

Oft gibt es für ein deutsches Wort zwei oder mehr französische Übersetzungen. Hier einige Beispiele:

Straße	**la rue** : Straße in der Stadt *Il habite dans une petite rue à Paris.*	**la route** : Landstraße *la route nationale*
Gefühl	**le sentiment** : seelisch, geistig *un sentiment d'amour, de peur, de joie*	**la sensation** : mit den Sinnen wahrnehmbar *une sensation de chaleur, de froid*
Farbe	**la couleur** : Rot, Blau, Grün usw. als Sinneswahrnehmung *Quelle couleur a ta robe ?*	**la peinture** : zum Malen oder Anstreichen *Attention, peinture fraîche !*
Rezept	**l'ordonnance** *(f)* : für Medikamente *Ce médicament est délivré uniquement sur ordonnance.*	**la recette** : zum Kochen oder Backen *Tu me donnes ta recette de crêpes ?*
Fluss	**le fleuve** : (großer) Fluss, der ins Meer mündet *Le Rhône est un grand fleuve français.*	**la rivière** : (kleiner) Fluss (der in einen anderen Fluss mündet) *L'Ardèche est une rivière du sud de la France.*
leihen	**prêter** : **ver**leihen *(= geben)* *Tu peux me prêter ton stylo, s'il te plaît ?*	**emprunter** : **ent**leihen *(= nehmen)* *J'ai rendu le livre que j'avais emprunté.*

alt	**vieux, vieille** : nicht jung, nicht neu *un vieil homme, la vielle ville*	**ancien, -ienne** : ehemalig, früher *mon ancien prof*
neu	**nouveau, -elle** : nicht alt, zusätzlich *Mon père a une nouvelle voiture.*	**neuf, neuve** : fabrikneu, noch nicht benutzt *Il vit dans un appartement tout neuf.*
vor	**avant** : zeitlich *Rentre avant minuit !*	**devant** : räumlich *Nous avons planté un arbre devant la maison.*
wie	**comme** : bei Vergleichen *Elle est aussi jolie que sa sœur.*	**comment** : bei Fragen und indirekter Rede *Comment allez-vous ?*
wenn	**quand** : zeitlich („dann, wenn“) *Quand je serai grande, je serai princesse.*	**si** : bei einer Möglichkeit oder Bedingung („falls“) *Si le temps est beau, on fera un pique-nique.*

Erinnern Sie sich?

Bank heißt **le banc**, wenn es sich um die Sitzbank handelt, und **la banque**, wenn das Geldinstitut gemeint ist.

Unterscheiden Sie auch:

leicht	**léger, -ère** : mit wenig Gewicht, leicht verdaulich *une valise légère, un dessert léger*	**facile** : einfach *un travail facile à faire*
schwer	**lourd, -e** : mit viel Gewicht, schwer verdaulich *une caisse lourde, un dîner trop lourd*	**difficile** : schwierig *une tâche difficile*
hören	**entendre** : (zufällig) hören, verstehen *Il ne m'a pas entendu.*	**écouter** : bewusst **hin**hören, **zu**hören, **an**hören *écouter la radio*
sehen	**voir** : (zufällig) sehen *As-tu vu mes lunettes ?*	**regarder** : bewusst **hin**sehen, **zu**sehen, **an**sehen *regarder la télé*

Tipp

„hören von" = entendre ***parler***
Hast du von dem Unfall gehört? *As-tu entendu* ***parler*** *de l'accident ?*

Bei einigen Wörtern wie **Ball** gibt es sogar drei oder mehr unterschiedliche Entsprechungen:

un ballon
ein großer Ball, *z. B. Fußball, Handball*

une balle
ein kleiner Ball, *z. B. Tennisball, Golfball*

un bal
eine Tanzveranstaltung

Auch für das deutsche Wort „bitte“ gibt es unterschiedliche Übersetzungen. Bitte unterscheiden Sie:

- Bei einer richtigen Bitte sagt man *s'il te /vous plaît*:
  Komm bitte! – Viens, s'il te plaît !
  Kommt bitte! – Venez, s'il vous plaît !

- Als Antwort auf „Danke!“ sagt man *Je vous /t'en prie*. oder *De rien*.

- Wenn man jemandem etwas gibt, heißt es *Voilà !*

In Kapitel 1.4 erfahren Sie auch mehr zu den verschiedenen Möglichkeiten, das Verb *können* zu übersetzen.

Eine Besonderheit stellen die französischen Bezeichnungen für **Tag**, **Morgen**, **Abend** und **Jahr** dar, bei denen zwischen der allgemeinen *Zeitangabe* und der *Zeitdauer* unterschieden wird:

	Zeitpunkt	Dauer/Verlauf
Tag	le jour	la journée
Morgen	le matin	la matinée
Abend	le soir	la soirée
Jahr	l'an *(m)*	l'année *(f)*

Vergleichen Sie:
Aujourd'hui, c'est un ***jour*** *important.* *Il travaille toute la* ***journée***.

7 Wählen Sie das richtige Wort!

1. .... ! Il y a tant d'étoiles cette nuit ! *(regarde / vois)*

2. Elle a .... un bruit et est descendue en bas. *(entendu / écouté)*

3. Mets la chaise .... la fenêtre ! *(avant / devant)*

4. J'y vais à pied, car j'ai .... ma voiture à Claude. *(emprunté / prêté)*

5. La jalousie est .... inutile. *(une sensation / un sentiment)*

8 *Comme* oder *comment*? Entscheiden Sie!

1. .... tu t'appelles ?

2. Il a gagné, ... toujours.

3. .... as-tu fait cette sauce ?

4. Il parle .... son frère.

Tipp

In Kapitel 2.4 erfahren Sie mehr darüber!

Natürlich gibt es auch den umgekehrten Fall: Ein französisches Wort hat mehrere deutsche Entsprechungen. Zum Beispiel haben einige französische Adjektive unterschiedliche Bedeutungen, je nachdem, ob sie vor oder nach dem Substantiv stehen: **grand** = *groß* + *berühmt*, **cher** = *lieb* + *teuer*, **propre** = *eigen* + *sauber*. Und das französische Wort **langue** bedeutet sowohl *Zunge* als auch *Sprache*.

9 Welcher Ball für welchen Sport? *La balle* oder *le ballon*?

1. Fußball: ....

2. Tischtennis: ....

3. Volleyball: ....

4. Golf: ....

10 Bringen Sie die Sätze in die richtige Reihenfolge!

a) Je vous en prie. Au revoir, monsieur.

b) Merci, madame.

c) Bonjour, madame. Je voudrais un billet pour Paris, s'il vous plaît.

d) Merci, monsieur. Voilà votre billet !

e) Au revoir, madame.

f) Dix euros ? Les voilà.

g) Bonjour, monsieur. Un billet pour aller à Paris coûte dix euros.

1	2	3	4	5	6	7

1.4 Hilfs-, Modal- und Funktionsverben

Hilfs-, Modal- und Funktionsverben werden im Französischen oft ganz anders übersetzt als im Deutschen:

sein		
être	*Eigenschaften, Zustände*	Elle **est** belle. Sie **ist** schön.
aber auch: ***faire***	*beim Wetter*	Il **fait** beau/froid/chaud. Es **ist** schön/kalt/warm.
avoir	*bei Altersangaben*	Il **a** trente ans. Er **ist** dreißig (Jahre alt).
	bei einigen festen Wendungen	J'**ai** froid/chaud. Mir **ist** kalt/warm.
avoir *oder* ***faire***	*bei Mengenangaben*	**faire** dix mètres de haut/de large zehn Meter hoch/breit **sein**

machen		
faire	*veranstalten/unternehmen*	Que **fais**-tu ce soir ? Was **machst** du heute Abend?
aber auch: ***rendre***	*werden lassen*	**rendre** quelqu'un heureux, -euse jemanden glücklich **machen**
donner	*verursachen*	**donner** des soucis à quelqu'un jemandem Sorgen **machen**

können		
pouvoir	*in der Lage sein, möglich sein*	Tu **peux** venir demain ? **Kannst** du morgen kommen?
savoir	*beherrschen, etwas gelernt haben*	Je **sais** nager. Ich **kann** schwimmen.
lassen		
laisser	*zulassen, nicht verhindern*	**Laissez**-moi passer ! **Lassen** Sie mich durch!
faire	*veranlassen, tun lassen*	se **faire** couper les cheveux sich die Haare schneiden **lassen**
dürfen		
pouvoir	*tun dürfen, die Erlaubnis haben*	Tu **peux** la voir demain. Du **darfst** sie morgen besuchen.
devoir	*verneint*	On ne **doit** pas fumer ici. Hier **darf** man nicht rauchen.

Wusst　en Sie schon, ...

... dass es in Frankreich bereits seit dem 1. Februar 2007 ein generelles Rauchverbot in öffentlichen Räumen gibt?

Merken Sie sich auch die folgenden festen Wendungen:

krank **werden**	**tomber** malade
ein Foto **machen**	**prendre** une photo
hungrig **machen**	**donner** faim
einen Traum **haben**	**faire** un rêve
Wir **haben** den 5. April.	Nous **sommes** le 5 avril.

Die Verben *sein* und *haben*

Besonders im Gebrauch von **être** *(sein)* und **avoir** *(haben)* gibt es einige Unterschiede zu beachten:
Bei den zusammengesetzten Zeiten werden *être* und *avoir* normalerweise wie im Deutschen verwendet:

Er ***ist*** gekommen.	Il ***est*** venu.
Ich ***habe*** gegessen.	J'***ai*** mangé.

Aber:
Bei Verben, die eine ***Bewegungsart*** bezeichnen, steht im Französischen oft **avoir**, wo im Deutschen **sein** steht:

Ich ***bin*** gelaufen.	J'***ai*** couru.
Wir ***sind*** geschwommen.	Nous ***avons*** nagé.

Das gilt für die Verben **courir, danser, fuir, grimper, marcher, nager, plonger, sauter, voler, voyager** usw.

Auch die Verben **disparaître** *(verschwinden)* und **déménager** *(umziehen)* werden mit **avoir** konjugiert.

Nous avons déménagé à Paris.

Merke

Ich *bin* fertig. = **J'ai** fini.

In Kapitel 2.3 erfahren Sie mehr zur Angleichung („l'accord") des „passé composé".

Bei *reflexiven Verben* steht im Französischen – anders als im Deutschen – immer **être**:

Ich ***habe*** mich gewaschen.	Je me **suis** lavé(e).
Du ***hast*** dich geirrt.	Tu t'**es** trompé(e).

Achtung: **être** selbst wird mit ***avoir*** konjugiert: ich ***bin*** gewesen = j'**ai** été

11 *Pouvoir* oder *savoir*? Setzen Sie die richtigen Formen ein!

1. Désolé, je ne .... pas vous aider.

2. Il .... très bien parler français.

3. Son fils, ... il déjà lire et écrire ?

4. Tu ne .... pas imaginer combien ça me fait mal.

12 *Laisser* oder *faire*? Setzen Sie die richtigen Formen ein!

1. Depuis qu'il est veuf, il .... repasser ses chemises.

2. Il faut .... repeindre notre appartement.

3. ....-moi en paix !

4. Le bébé avait de la fièvre et nous avons .... venir le médecin.

13 Setzen Sie die Verben in die 3. Person Singular des *Passé composé*!

1. sauter Il a ....

2. se promener Il ....

3. marcher Il ....

4. disparaître Il ....

5. se marier Il ....

6. aller Il ....

1.5 Die Zahlen

Die Bildung der Zahlen

Was liegt Ihnen mehr? Sprache oder Mathematik? Wörter oder Zahlen? In Wirklichkeit haben beide viel mehr gemeinsam, als Sie denken. Durch Zusammensetzen zweier oder mehr Elemente entstehen neue Wörter und neue Zahlen.

Die französischen Zahlen sind für Deutsche nicht ganz leicht zu lernen. Sie werden anders als im Deutschen gebildet und viele lassen sich nur durch Rechnen erschließen. Die Regeln sind nicht immer einfach und dann gibt es auch noch Ausnahmen ...

Mit den folgenden Tipps vermeiden Sie die häufigsten Stolperfallen.

Die Zahlen von 1 bis 16 sind selbstständige Wörter. Von 17 bis 99 werden sie aus Zehnern und Einern mit Bindestrich zusammengesetzt:

17 dix-sept
38 trente-huit
56 cinquante-six

Ausnahme:

Bei 21, 31, 41, 51, 61 und 71 wird zwischen Zehner und Einer statt des Bindestrichs ein **et** eingefügt:

21 vingt **et** un
31 trente **et** un
71 soixante **et** onze

Wussten Sie schon?

Seit der französischen Rechtschreibreform von 1990 dürfen alle Zahlbestandteile mit einem Bindestrich verbunden werden. Aus der ursprünglichen Schreibung **dix-huit cents** (1800) zum Beispiel wird so **dix-huit-cents**.

Die Zehnerzahlen von 10 bis 60 sind selbstständige Wörter. Ab 70 werden sie zusammengesetzt.

Kleines Rechenspiel:

60	+	10	=	70
soixante	+	dix	=	soixante-dix
4	x	20	=	80
quatre	x	vingt	=	quatre-vingts
4 x 20	+	10	=	90
quatre (x) vingt	+	dix	=	quatre-vingt-dix

Die Sache mit dem „s“

- **Grundzahlen** haben nie ein **s**:

quatre élèves [katrelɛv]
cinq ans [sɛ̃kɑ̃]
sept enfants [sɛtɑ̃fɑ̃]

- **mille** hat nie ein **s**: 5000 = **cinq mille**
- **cent** hat im Plural ein **s**. Es fällt aber weg, wenn eine weitere Zahl folgt: deux cents, deux cents ans ↔ **deux cent trois**
- das **s** bei **quatre-vingts** fällt weg, wenn eine weitere Zahl folgt: quatre-vingts, quatre-vingts personnes ↔ **quatre-vingt-dix**

Tipp

Nach **un million** und **un milliard** steht **de**:
un million **d**'euros, deux milliards **d**'habitants

Die Ordnungszahlen

Sie werden durch Anhängen von *-ième* gebildet und mit hochgestelltem *e* geschrieben: 2e [døzjɛm], 53e [sɛ̃kɑ̃trwazjɛm], 80e [katrəvɛ̃tjɛm].

Achtung, Ausnahmen:

Erste(-r, -s): *premier* (1er) und *première* (1re)

Zweite(-r, -s) kann auch *second* (2nd) oder *seconde* (2nde) heißen.

Auch Herrschernamen werden mit der Grundzahl angegeben und immer mit römischen Ziffern geschrieben: Louis XIV (Louis Quatorze).

Achtung, Ausnahme:

der/die Erste: Napoléon Ier (Napoléon Premier)

Wussten Sie schon?

Der Sonnenkönig
(*« le Roi-Soleil »*)
Louis XIV
regierte von
1643 bis 1715.

Das Datum

Es wird – außer beim Ersten *(premier)* – mit der Grundzahl gebildet und mit dem bestimmten Artikel angegeben:

der 14. Juli, am 14. Juli	**le 14 (quatorze) juillet**
der 1. Mai, am 1. Mai	**le 1er (premier) mai**

Wussten Sie schon?

Am 14. Juli feiern die Franzosen die erste « *Fête de la Fédération* », die 1790, ein Jahr nach dem „Sturm auf die Bastille" stattgefunden hat, und die als Nationalfeiertag gilt.

Merken Sie sich auch folgende Ausdrücke:

am 11. November	**le** 11 novembre
im 21. Jahrhundert	**au** XXIe siècle
um 11 Uhr	**à** onze heures
2014	**en** 2014

Im Kapitel 2.5 lernen Sie mehr über französische Präpositionen.

Vierstellige Zahlen und Jahreszahlen

Alle Zahlen unter 2000 können wie im Deutschen auf zwei Arten ausgesprochen werden:

1998	dix-neuf cent quatre-vingt-dix-huit *(neunzehnhundertachtundneunzig)*
oder	mille neuf cent quatre-vingt-dix-huit *(eintausendneunhundertachtundneunzig)*

Achtung: Im Gegensatz zum Deutschen kann man im Französischen auch Jahreszahlen so aussprechen.

14 Schreiben Sie die folgenden Zahlen als Ziffern!

1. quarante et un ....
2. soixante-treize ....
3. soixante-dix-huit ....
4. quatre-vingt-quatre ....
5. quatre-vingt-douze ....
6. trois cent quatre-vingt-dix-sept ....

15 Lösen Sie die Rechenaufgaben und schreiben Sie das Ergebnis als Zahl und in Klammern als Wort!

1. 63 + 4 = ... (................................)
2. 83 – 12 = ... (................................)
3. 9 x 9 = ... (................................)
4. 35 + 39 = ... (................................)
5. 120 – 24 = ... (................................)
6. 1022 : 2 = ... (................................)

16 Schreiben Sie die Jahreszahlen als Zahl und in Klammern als Wort!

1. Luc a eu 20 ans le 14 juin 2013. Il est né en quelle année ?

   Il est né en .... (................................).

2. Suzanne a eu 63 ans le 23 janvier 2010.

   Elle est née en .... (................................).

3. Bernadette a eu 14 ans le 10 mai 2009.

   Elle est née en .... (................................).

4. Paul aura 77 ans le 28 novembre 2031.

   Il est né en .... (................................).

Typische Fehlerquellen im Wortschatz – kurz und knapp

„Falsche Freunde“ und häufig verwechselte Wörter

Einige französische Wörter bedeuten trotz großer Ähnlichkeit mit dem Deutschen etwas ganz anderes: **le clavier** ist nicht „das Klavier“, sondern „die Tastatur“, **le coffre** ist nicht „der Koffer“, sondern „der Kofferraum“ usw.

Bei einigen französischen Wörtern ändert sich die Bedeutung mit dem Genus:
la tour *der Turm* – **le** tour *die Tour*

Manchmal haben französische Wörter und ihre deutschen Pendants zwar dieselbe Bedeutung, aber ein anderes Genus:
une auto, **le** groupe, **la** radio, **le** rôle *oder* **la** salade.

Auch sind manche Endungen anders, als man sie erwarten würde, wie bei *konservativ* – *conserva**teur***.

Stolperfalle Sprichwörter und Redewendungen

Deutsche Redewendungen und Sprichwörter kann man nicht wörtlich ins Französische übersetzen. So sagen wir beispielsweise „einen Frosch im Hals haben“, im Französischen heißt es aber **„avoir un chat dans la gorge“**.

Ein deutsches Wort und mehrere französische Wörter

Oft gibt es für ein deutsches Wort zwei oder mehr französische Übersetzungen, wie **rue** und **route** für „Straße“, **ordonnance** und **recette** für „Rezept“ oder **entendre** und **écouter** für „hören“.

Hilfs-, Modal- und Funktionsverben

Hilfs-, Modal- und Funktionsverben werden im Französischen oft anders übersetzt als im Deutschen. So kann „sein" außer mit ***être*** auch mit ***faire*** (Il fait chaud.) oder ***avoir*** (Elle a vingt ans.) übersetzt werden.

Bei den zusammengesetzten Zeiten werden **sein** (*être*) und **haben** (*avoir*) normalerweise wie im Deutschen verwendet.
Bei Verben, die eine Bewegungsart bezeichnen, steht im Französischen aber **avoir**: Ich ***bin*** gelaufen. – J'**ai** couru.

Bei *reflexiven* Verben steht im Französischen anders als im Deutschen immer **être**: Ich ***habe*** mich gewaschen. – Je me **suis** lavé(e).

Zahlen

Die Zahlen von 17 bis 99 werden aus Zehnern und Einern mit Bindestrich zusammengesetzt: dix-sept, dix-huit, dix-neuf, vingt-deux, vingt-trois usw.

21, 31, 41, 51, 61 und 71 werden mit einem ***et*** verbunden:
vingt **et** un, trente **et** un usw.

Die Zehnerzahlen ab 70 werden so zusammengesetzt:
70 = soixante-dix, **80** = quatre-vingt, **90** = quatre-vingt-dix

mille hat nie ein **s**

cents im Plural und ***quatre-vingts*** haben ein **s**, das wegfällt, wenn eine weitere Zahl folgt: deux cents ans ↔ deux cent trois, quatre-vingts ↔ quatre-vingt-dix

Das **Datum** wird außer bei 1. (*premier*) mit der Grundzahl gebildet und mit dem bestimmten Artikel angegeben: am 5. Oktober – le 5 (cinq) octobre

Vous avez compris ? Machen Sie den Zwischentest zum Wortschatz!

1 Übersetzen Sie die folgenden Wörter ins Deutsche!

1. marmelade ....

2. trésor ....

3. brave ....

4. artiste ....

2 Unterstreichen Sie die korrekte Variante!

1. J'ai passé un jour / une journée à Paris.

2. Elle a vécu un an / une année au Québec.

3. Je me brosse les dents tous les matins / toutes les matinées.

4. Ils se sont disputés tout le soir / toute la soirée.

3 Übersetzen Sie ins Französische!

1. Ich habe gesprochen. ....

2. Er ist umgezogen. ....

3. Wir sind geschwommen. ....

4. Du bist gelaufen. ....

4 Fügen Sie das richtige Verb ein!

1. Il ne können .... pas nager.

2. Aujourd'hui, il sein .... froid.

3. Mon fils me machen .... des soucis.

4. On ne dürfen .... pas fumer ici.

5. Je me suis lassen .... couper les cheveux.

5 Schreiben Sie die Hausnummern aus!

1. 44 rue de Lausanne ....

2. 138 rue George Pompidou ....

3. 17 place de la Victoire ....

4. 2882 rue Iberville ....

5. 36 rue Agneau ....

6. 212 place du Centre ....

6 Korrigieren Sie die Fehler in den folgenden Sätzen!

1. On a fait une belle tour de vélo, hier !

2. Mon père est très conservatif.

3. Notre fille joue du clavier.

4. Bonjour ! Marchand à l'apparat.

2. Grammatik

2.1 Singular und Plural

Unregelmäßige Pluralformen

Normalerweise wird der Plural im Französischen durch Anhängen von **-s** gebildet. Aber es gibt bei Substantiven und Adjektiven auch zahlreiche ***unregelmäßige Pluralformen***.

Hier sind die wichtigsten Regeln auf einen Blick:

- **Singular auf -au, -eu und -ou** → **Plural auf -x:**
  - le bate**au** → les bateau**x**
  - be**au** → beau**x**
  - nouve**au** → nouveau**x**
  - le chev**eu** → les cheveu**x**
  - le j**eu** → les jeu**x**
  - le bij**ou** → les bijou**x**

- **Singular auf -al** → **Plural meist auf -aux:**
  - l'anim**al** → les anim**aux**
  - le chev**al** → les chev**aux**
  - le journ**al** → les journ**aux**
  - origin**al** → origin**aux**
  - spéci**al** → spéci**aux**

- **Unregelmäßige Formen:**
  - œil → yeux
  - madame → mesdames
  - mademoiselle → mesdemoiselles
  - monsieur → messieurs

Unveränderliche Pluralformen

- Substantive und Adjektive auf **-s**, **-z** und **-x**:

le pay**s**	→	les pays
le ne**z**	→	les nez
le pri**x**	→	les prix
un nom françai**s**	→	des noms français
un mari jalou**x**	→	des maris jaloux

Wussten Sie schon?

Französische Familiennamen haben keine Pluralendung! Die Müllers sind einfach „les Meunier" und „Die Simpsons" „Les Simpson". Die bekannte Comicfamilie „Feuerstein" heißt in Frankreich übrigens „Les Pierrafeu".

Vorsicht bei Substantiven, die nur im Plural stehen, wie z. B.

les archives	→	das Archiv
les épinards	→	der Spinat
les fiançailles	→	die Verlobung
les honoraires	→	das Honorar

Einige dieser Substantive haben im Singular eine andere Bedeutung

les ciseaux	→	die Schere	*le* ciseau	→	der Meißel
les lunettes	→	die Brille	*la* lunette	→	das Fernrohr
les tennis	→	die Turnschuhe	*le* tennis	→	das Tennis
les échecs	→	das Schachspiel	*l'*échec	→	der Misserfolg

Tipp

Bei mehreren Scheren, Brillen usw. nimmt man das Wort „paire" zur Hilfe:
deux paires de ciseaux *zwei Scheren*
trois paires de lunettes *drei Brillen*
Beachten Sie!
paire = *Paar* (Schuhe, Handschuhe etc.)
couple = *Paar* (Liebespaar, Ehepaar)

1 Setzen Sie die folgenden Ausdrücke in den Plural!

1. un animal dangereux ....
2. un beau monsieur ....
3. un gâteau savoureux ....
4. un journal international ....

2 Bilden Sie die Pluralformen der fehlenden Wörter!

1. Il a les œil .... bleus et les cheveu .... blonds.
2. Elle porte des bijou .... très précieux ....
3. As-tu déjà visité les château .... de la Loire ?
4. Jules et Jim sont des types pas très sérieux ....

3 Übersetzen Sie!

1. Sie mag keinen Spinat.

....

2. Ich habe zwei Brillen.

....

3. Er arbeitet im Archiv.

....

2.2 Genus und Artikel

Das Genus

Unterschiedliches Genus im Deutschen und Französischen

Nicht nur bei **le soleil** – ***die Sonne*** und **la lune** – ***der Mond*** ist das Genus im Französischen anders als im Deutschen.

Es ist ebenso ungewohnt, dass **la dent** *(der Zahn)*, **la fin** *(das Ende)*, **l'eau** *(das Wasser)*, **la toux** *(der Husten)* oder **la boisson** *(das Getränk)* feminin, aber **le trophée** *(die Trophäe)*, **le million** *(die Million)* oder **le domaine** *(die Domäne)* maskulin sind. Es hilft nichts, man muss das Genus einfach mit dem Wort zusammen lernen.

Erinnern Sie sich …

… an die „faux amis" im ersten Kapitel, die wie **une** auto, **le** groupe, **la** mer, **la** photo, **la** radio, **le** rôle in beiden Sprachen zwar dieselbe Bedeutung, aber ein unterschiedliches Genus haben?

Es gibt ein paar Regeln, die man sich gut merken kann:

- Im Gegensatz zum Deutschen sind im Französischen die meisten Wörter auf **-age** maskulin: ***le*** garage → *die* Garage. Weitere Beispiele sind ***le*** reportage, ***le*** massage, ***le*** montage oder ***le*** visage.
- **Automarken** sind immer feminin: ***une*** *Peugeot*, ***une*** *VW* [ve:dublve:]
- die meisten **Länder** und die **Erdteile** sind feminin: ***la*** *France*, ***la*** *Suisse*, ***la*** *Russie*, ***la*** *Finlande*, *l'Europe (f)*, *l'Australie (f)*

Maskuline Substantive – auch für Frauen

Bei einigen Wörtern, besonders bei Berufen, gibt es nur die Maskulinform. Sie gilt auch für Frauen:

un auteur	*ein Autor – eine Autorin*
un architecte	*ein Architekt – eine Architektin*
un médecin	*ein Arzt – eine Ärztin*
un écrivain	*ein Schriftsteller – eine Schriftstellerin*
le maire	*der Bürgermeister – die Bürgermeisterin*
un ingénieur	*ein Ingenieur – eine Ingenieurin*
un assassin	*ein Mörder – eine Mörderin*
un expert	*ein Experte – eine Expertin*
le témoin	*der Zeuge – die Zeugin*

Einige Bezeichnungen wie *prof(esseur)*, *juge* oder *ministre* haben zwar keine Feminform, aber trotzdem ein maskulines und ein feminines Genus:

M. Dupont est mon prof de maths.
Herr Dupont ist mein Mathelehrer.
Mme Dubois est ma prof de français.
Frau Dubois ist meine Französischlehrerin.

Wussten Sie schon?

In Frankreich gibt es zwar durchaus eine „feministische Bewegung“, was die Bildung von weiblichen Berufsbezeichnungen angeht. In der französischsprachigen kanadischen Provinz Québec ist man hier aber noch fortschrittlicher. Die *écrivaine* und die *mairesse* gibt es inzwischen aber auch in Frankreich.

Feminine Substantive – auch für Männer

la vedette/**la** star	*der Star*
la victime	*das Opfer*
la connaissance	*der/die Bekannte*

Unregelmäßige Femininformen

Normalerweise werden die französischen Femininformen durch Anhängen von **-e** gebildet.

Tipp

Denken Sie daran, dass der Endkonsonant dann ausgesprochen wird:

grand [grɑ̃]	grande [grɑ̃**d**]
français [frɑ̃sɛ]	française [frɑ̃sɛ**z**]

Neben den anderen üblichen Femininendungen wie *-ière, -trice, -euse, -elle* usw. gibt es einige sehr unregelmäßige Femininformen:

beau, belle
nouveau, nouvelle
aigu, aiguë
malin, maligne
frais, fraîche
faux, fausse
public, publique
grec, grecque
vieux, vieille
sec, sèche

Denken Sie daran:
la tour – ***der*** *Turm*

Der Artikel

Der Gebrauch des Artikels ist nicht immer in beiden Sprachen parallel.

Im Gegensatz zum Deutschen steht bei *verallgemeinernden* Aussagen immer **der bestimmte Artikel:**

Je préfère le café au thé. *Ich mag Kaffee lieber als Tee.*
Le lait est bon pour la santé. *Milch ist gesund.*
Les kiwis sont riches en vitamine C. *Kiwis haben viel Vitamin C.*

Der bestimmte Artikel steht außerdem im Gegensatz zum Deutschen bei *körperlichen Eigenschaften:*

Elle a les yeux bleus. *Sie hat blaue Augen.*

Beachten Sie auch die folgenden Unterschiede:

apprendre le français	*Französisch lernen*
monsieur le directeur	*Herr Direktor*
(ne pas) avoir le temps	*(keine) Zeit haben*
trois heures moins le quart	*viertel vor drei*

Ohne Artikel stehen hingegen:

perdre patience	***die** Geduld verlieren*
perdre connaissance	***das** Bewusstsein verlieren*

Info

Steht im Plural ein Adjektiv vor dem Substantiv (*une jolie fleur*), wird **des** zu **de**: *de jolies fleurs.*

Der Teilungsartikel (l'article partitif)

Im Französischen steht ein Substantiv nie ohne Artikel wie im Deutschen. Bei unbestimmten oder nicht zählbaren Mengen steht im Französischen der sogenannte ***Teilungsartikel***, der mit **de** + *bestimmtem Artikel* gebildet wird:

de la **viande**	*Fleisch*
du **pain**	*Brot*
de l'**amour**	*Liebe*
des **épinards**	*Spinat*

Erinnern Sie sich noch, dass **les épinards** immer im Plural steht?

Merkhilfe

avec steht **mit** Teilungsartikel, sans steht **ohne** Teilungsartikel:
Une tasse de café avec du lait et sans sucre.

Das „partitive" *de*

Es steht immer bei

- **bestimmten Mengenangaben** wie:
  un kilo **de** tomates, cent grammes **de** sucre, une douzaine d'œufs [dø], une paire **de** chaussettes, un paquet **de** cigarettes, un verre **de** vin usw.
- **unbestimmten Mengenangaben** wie:
  assez **d'**argent, beaucoup **d'**amis, combien **de** personnes, moins **de** 18 ans, peu de temps, tant **de** soucis, trop **de** difficultés usw.
- **negativen Mengenangaben:**
  ne plus **de**... *und* ne pas **de**...

4 Ergänzen Sie die Artikel!

1. Elle conduit .... Porsche.

2. J'ai un grand trou dans .... dent.

3. Cet acteur est .... star de cinéma.

4. Elle a .... très joli visage.

5. Mes voisins ont gagné .... million à la loterie.

5 Setzen Sie die folgenden Sätze ins Femininum!

1. C'est un célèbre auteur.

Elle est ....

2. Bonjour, Monsieur le juge.

Bonjour, ...

3. Mon frère travaille comme architecte.

Ma sœur travaille comme ....

4. Il est un témoin important dans cette histoire.

Elle est ....

6 Ergänzen Sie die Artikel: *Teilungsartikel* oder partitives *de*?

1. Dans la soupe, il y a .... oignons, ... persil et un kilo .... tomates.

2. Mon frère a beaucoup .... argent.

3. Tu as mis .... huile dans les pâtes ?

4. Il a ouvert une bouteille .... vin.

7 Antworten Sie auf die folgenden Fragen!

1. Est-ce qu'il y a de la neige chez vous ?

Non, ...

2. Tu as trouvé du travail ?

Oui, ...

3. Vous voulez des fruits ?

Non, ...

4. Il a fait des progrès ?

Oui, ...

2.3 Die Verben

Unregelmäßige Verben

Im Französischen gibt es viele unregelmäßige Verben, deren Formen sich manchmal so stark vom Infinitiv unterscheiden, dass man ihn gar nicht mehr erkennen kann. Die Tabelle zeigt nur einige der wichtigsten:

		Präsens Plural	Partizip	Futur	Subjonctif
aller	***vais, vas, va***	allons, allez, ***vont***	allé	***irai***	***aille***
avoir	***ai, as, a***	avons, avez, ***ont***	***eu***	***aurai***	***aie***
devoir	***dois, dois, doit***	devons, devez, ***doivent***	***dû***	devrai	***doive***
être	***suis***, es, est	***sommes***, êtes, ***sont***	été	***serai***	***sois***
faire	fais, fais, fait	faisons, faites, ***font***	fait	***ferai***	***fasse***
pouvoir	***peux, peux, peut***	pouvons, pouvez, ***peuvent***	***pu***	***pourrai***	***puisse***
savoir	***sais, sais, sait***	savons, savez, savent	***su***	***saurai***	***sache***
vouloir	***veux, veux, veut***	voulons, voulez, ***veulent***	voulu	***voudrai***	***veuille***

Erinnern Sie sich an die unterschiedlichen Übersetzungen von **können** in Kapitel 1.4?

Lerntipp

Es hilft alles nichts: Diese und weitere unregelmäßige Formen muss man einfach lernen und immer wieder üben.

Unterschiedliche Verbkonstruktionen in beiden Sprachen

Oft werden französische Verben ganz anders konstruiert als ihr deutsches Pendant. Vorsicht ist unter anderem geboten in folgenden Fällen:

Direktes Objekt im Französischen	Indirektes Objekt im Deutschen
aider **quelqu'un**	**jemandem** helfen
croire **quelqu'un**	**jemandem** glauben
écouter **quelqu'un**	**jemandem** zuhören
menacer **quelqu'un**	**jemandem** drohen
remercier **quelqu'un**	**jemandem** danken
suivre **quelqu'un**	**jemandem** folgen

und umgekehrt:

demander qc **à quelqu'un**	**jemanden** etwas fragen
mentir **à quelqu'un**	**jemanden** belügen
répondre **à une question**	**eine Frage** beantworten
téléphoner **à quelqu'un**	**jemanden** anrufen

Reflexiv im Französischen	Nicht reflexiv im Deutschen
s'appeler	heißen
s'arrêter	anhalten, stehen bleiben
s'endormir	einschlafen
se taire	schweigen
se noyer	ertrinken

und umgekehrt:

sich bewegen	bouger
sich drehen (Erde etc.)	tourner
sich scheiden lassen	divorcer
sich bei jdm. bedanken	remercier qn

Merkhilfe

Vergleichen Sie:

Sie haben geheiratet.
Ils se sont mariés.

Sie haben sich scheiden lassen.
Ils ont divorcé.

Tipp

Es kann sein (, dass ...)
heißt auf Französisch:
Il se peut (que...)
+ Subjonctif

Il se peut que
je sois malade.

In Kapitel 2.5 erfahren Sie mehr zu Präpositionen.

Mit Präposition im Französischen	Ohne Präposition im Deutschen
abuser **de**	missbrauchen
douter **de**	bezweifeln
jouir **de**	genießen
manquer **de**	nicht haben

und umgekehrt:

attendre qn/qc	**auf** etwas/jemanden warten

Tipp

spielen = **jouer à** und **jouer de**

Bei Sportarten und Spielen: **jouer + à**
*(jouer **au** tennis, **au** foot, **aux** cartes)*

Bei Musikinstrumenten: **jouer + de**
*(jouer **du** piano, **de la** guitare)*

jouer **de** la guitare ?
jouer **à** la guitare ?

Imparfait oder Passé composé?

Es gibt feste Regeln für die Verwendung von ***Imparfait*** (Imperfekt/Präteritum) und ***Passé composé*** (Perfekt):

	Imparfait	**Passé composé**
Regel	Das ***Imparfait*** beschreibt **Zustände** und **Situationen** in der Vergangenheit, die • immer gelten, • nicht abgeschlossen sind, • immer wiederkehren.	Das ***Passé composé*** steht bei **Ereignissen** in der Vergangenheit, die • plötzlich eintreten, • abgeschlossen sind, • einmalig sind.
Frage	**Was war (schon)?**	**Was geschah (dann)?**
Signalwörter	**toujours** *immer* **d'habitude** *normalerweise* **autrefois** *früher* **souvent** *oft* **pendant que** *während* **chaque matin / soir / jour** *jeden Morgen /Abend /Tag*	**tout à coup** / **brusquement** / **soudain** } *plötzlich, auf einmal* **d'abord** *zuerst* **puis** *dann* **ensuite** *danach* **un jour** *eines Tages* **ce matin / soir** *heute Morgen /Abend*
Beispiele	**Autrefois,** tout **était** mieux. *Früher war alles besser.* Je **lisais,** *Ich las,*	**D'abord,** il **a ouvert** la porte, **puis** il **est entré.** *Zuerst machte er die Tür auf und trat dann ein.* quand, **tout à coup**, le téléphone a sonné. *als plötzlich das Telefon klingelte.*

Merkhilfe

Das *Imparfait* beantwortet die Frage:
Was war (schon)?
Das *Passé composé* beantwortet die Frage:
Was geschah (dann)?

Die Angleichung („l'accord") des Passé composé

Wenn das *Passé composé* mit **être** gebildet wird, wird das Partizip in Numerus und Genus dem Subjekt angeglichen:

Elle est venu**e**.	*Sie ist gekommen.*
Ils sont parti**s**.	*Sie sind gegangen.*
Elles se sont lev**ées**.	*Sie sind aufgestanden.*

Erinnern Sie sich an den Gebrauch von **être** oder **avoir** beim *Passé composé* in Kapitel 1.4?

Wenn das *Passé composé* mit **avoir** gebildet wird, wird das Partizip nur dann verändert, wenn ein direktes Objekt vorausgeht:

J'ai achet**é** deux robes.	*Ich habe zwei Kleider gekauft.*
aber:	
Tu as vu **les robes** que j'ai achet**ées** ?	*Hast du die Kleider gesehen, die ich gekauft habe?*
Je **les** ai achet**ées**.	*Ich habe sie gekauft.*
Tu **les** a vu**es** ?	*Hast du sie gesehen?*

Der Subjonctif

Der ***Subjonctif*** steht meist in einem Nebensatz mit ***que*** und wird von folgenden Signalwörtern und -ausdrücken ausgelöst:

	Verben	Wendungen
bei **Gefühlen**	**craindre que** *fürchten, dass* **regretter que** *bedauern, dass* **être triste que** *traurig sein, dass* **avoir peur que** *Angst haben, dass* **se réjouir que** *sich freuen, dass*	**c'est dommage que** *es ist schade, dass* 
bei • **subjektiven Meinungen** • **Wertungen**	**admirer que** *bewundern, dass* **trouver que** *finden dass* **contester que** *bestreiten, dass* **estimer que** *schätzen, dass* **être étonné(e) que** *erstaunt sein, dass*	**il est bon que** *es ist gut, dass* **il est normal que** *es ist normal, dass* **il est important que** *es ist wichtig, dass* **il vaut mieux que** *es ist besser, dass* **il (me) semble que** *es scheint (mir), dass*

	Verben	Wendungen
bei • **Zweifeln** • **Unsicherheit** • **Möglichkeiten**	**ne pas croire que** *nicht glauben, dass* **ne pas penser que** *nicht denken, dass*	**il se peut que** *es kann sein, dass* **il est possible que** *es ist möglich, dass*

Verben wie **croire** oder **penser** stehen nur in der *verneinenden Form* mit dem Subjonctif.

	Verben	Wendungen
bei • **Wünschen** • **Willens-äußerungen** • **Notwendigkeiten** • **Verbot** und **Erlaubnis**	**vouloir que** *wollen, dass* **désirer que, souhaiter que** *wünschen, dass* **exiger que** *fordern, dass* **ordonner** *anordnen, dass* **interdire que** *verbieten, dass* **permettre que** *erlauben, dass*	**il faut que** *es ist nötig, dass* *man muss* **il arrive que** *es kommt vor, dass* **c'est une chance que** *es ist ein Glück, dass* **il suffit que** *es reicht, dass*

Merkhilfe

Wenn Sie einen Nebensatz mit **que** formulieren möchten, überlegen Sie, ob es sich um eine der in der Tabelle genannten Verben oder Wendungen handelt. Wenn ja, muss der ***Subjonctif*** stehen.

	Konjunktion + *que*	
bei bestimmten **Konjunktionen** (oft mit ***que***)	**afin que** *damit* **avant que** *bevor* **bien que** *obwohl* **quoique** *obwohl* **pour que** *damit*	**jusqu'à ce que** *bis* **pourvu que** *vorausgesetzt, dass* **à condition que** *vorausgesetzt, dass* **de façon/manière/sorte que** *so, dass*

Die Bildung des Subjonctif

Der **Subjonctif** wird durch Anhängen von **-e, -es, -e, -ions, -iez, -ent** an den Stamm der 3. Person Plural Präsens gebildet:

ils **mang**-ent → que je **mang-e** que nous **mang-ions**
ils **écriv**-ent → que j'**écriv-e** que nous **écriv-ions**
ils **finiss**-ent → que je **finiss-e** que nous **finiss-ions**

Viele Formen sind aber unregelmäßig. Hier sind die wichtigsten:

aller → que j'**aille**
avoir → que j'**aie**
devoir → que je **doive**
être → que je **sois**
faire → que je **fasse**
pouvoir → que je **puisse**
savoir → que je **sache**
vouloir → que je **veuille**

8 Ergänzen Sie den Dialog mit den passenden Verbformen!

Yves : Camille, elle **1.** venir .... avec nous au cinéma cet après-midi ?

Zoé : Non, elle ne **2.** pouvoir .... pas venir. Elle n' **3.** avoir .... pas le temps. Elle **4.** faire .... des courses avec ses parents.

Yves : Mais Mathis, lui, il **5.** être .... là ?

Zoé : Oui, le voilà. Il a **6.** prendre .... le tram.

Yves : Et Yanis et Noah ? Ils **7.** vouloir .... nous joindre ?

Zoé : Pas que je **8.** savoir .... Ils **9.** aller .... au stade.

Yves : Alors, on **10.** être .... au complet ?

Zoé : **11.** demander .... à Chloé et Manon. Elles **12.** venir .... peut-être avec nous.

9 Mit oder ohne *à* bzw. *de*? Wählen Sie aus!

1. seinem Freund glauben: croire .... son ami

2. den Vater belügen: mentir .... son père

3. seinen Bruder anrufen: téléphoner .... son frère

4. Flöte spielen: jouer .... flûte

10 *Mit* oder *ohne* Reflexivpronomen? Wählen Sie aus!

1. Er heißt Jules.	Il s'appelle / appelle Jules.
2. Beweg dich nicht!	Ne bouge / te bouge pas !
3. Ich wäre fast ertrunken.	J'ai failli noyer / me noyer.
4. Die Erde dreht sich um die Sonne.	La terre tourne / se tourne autour du soleil.

11 *Passé composé* oder *Imparfait*? Setzen Sie die Verben in der richtigen Vergangenheitsform ein!

1. D'abord, il téléphoner ...., puis il lire .... le journal et ensuite il boire .... un café.

2. Hier, je rencontrer .... une femme qui habiter .... autrefois à Paris.

3. Elle prendre .... un bain quand, soudain, elle entendre .... un bruit dans la cuisine.

2.4 Adjektive und Adverbien

Erinnern Sie sich an die Bildung der Pluralformen in Kapitel 2.1, die Bildung der Femininformen in Kapitel 2.2 und die Angleichung des *passé composé* in Kapitel 2.3?

Die Angleichung („l'accord") des Adjektivs an das Substantiv

Adjektive passen sich im Französischen in Geschlecht und Zahl dem Substantiv an, zu dem sie gehören : une fille gentil**le** – des filles gentil**les**

Adjektive mit Sonderformen

Folgende Adjektive haben zusätzlich im Maskulinum Singular vor *Vokal* oder *stummem h* eine besondere Form:

beau	**bel**
du beau temps *(schönes Wetter)*	un bel homme *(ein schöner Mann)*
nouveau	**nouvel**
un nouveau riche *(ein Neureicher)*	le nouvel an *(Neujahr)*
vieux	**vieil**
un vieux soldat *(ein alter Soldat)*	mon vieil ami *(mein alter Freund)*

Unveränderliche Adjektive

Kurze Adjektive (oft Abkürzungen oder entlehnte Wörter) wie **chic, super, chouette, sympa, extra, snob** oder **bon marché** sind im Plural und Singular und auch im Maskulinum und Femininum unveränderlich:

une jeune fille très chic, des fraises bon marché

Farbadjektive wie **abricot, citron, crème, marron, olive, or, orange, paille** oder **pistache,** die sich von Substantiven für Früchte, Materialien usw. ableiten, und Zusammensetzungen wie **bleu ciel, jaune citron, rouge foncé** usw. sind ebenfalls unveränderlich:

des pulls orange, une jupe bleu foncé

Die Stellung des Adjektivs

Anders als im Deutschen stehen französische Adjektive meist hinter dem Substantiv:

un café fort — *ein starker Kaffee*
un livre intéressant — *ein interessantes Buch*

Vorsicht:
Einige kurze und häufig gebrauchte Adjektive stehen vor dem Substantiv, z. B.

bon / mauvais — **un bon repas** *(ein gutes Essen)*
grand, gros / petit — **la petite fille** *(das kleine Mädchen)*
nouveau / jeune / vieux — **du nouveau vin** *(neuer Wein)*
beau und joli — **une jolie robe** *(ein hübsches Kleid)*
demi — **une demi bouteille** *(eine halbe Flasche)*

Einige französische Adjektive haben unterschiedliche Bedeutungen, je nachdem, ob sie vor oder hinter dem Substantiv stehen, z. B.:

	vor dem Substantiv	*nach dem Substantiv*
ancien	ehemalig **mon ancien prof** *mein ehemaliger Lehrer*	(sehr) alt **un château ancien** *ein altes Schloss*
certain	manche, einige **certaines personnes** *manche Leute*	sicher, gewiss **une victoire certaine** *ein sicherer Sieg*
cher	lieb **Chère Sabine** *Liebe Sabine*	teuer **une robe chère** *ein teures Kleid*

propre	eigen **sa propre voiture** *ihr eigenes Auto*	sauber **une chemise propre** *ein sauberes Hemd*
seul	einzig **un seul homme** *ein einziger Mensch*	einsam **une île seule** *eine einsame Insel*
vrai	wirklich, wahr **un vrai ami** *ein wahrer Freund*	echt **des dents vraies** *echte Zähne*

Die Bildung der Adverbien

Anders als im Deutschen haben französische Adverbien und Adjektive nie identische Formen.

Neben den selbstständigen Adverbien wie **beaucoup, peu, aujourd'hui, souvent, toujours, bientôt, hier, demain, ici, là, vite, très, trop** usw. werden Adverbien in der Regel durch Anhängen von **-ment** an die Femininform des Adjektivs gebildet:

lent, **lente** → lente**ment** *(langsam)*
doux, **douce** → douce**ment** *(sanft, vorsichtig)*
complet, **complète** → complète**ment** *(völlig)*

Lerntipp

Im Französischen muss man anders als im Deutschen genau überlegen, ob es sich grammatikalisch um ein Adjektiv oder ein Adverb handelt, denn das bedeutet, dass man für den adverbialen Gebrauch eine andere Wortform bzw. ein anderes Wort wählen muss.

Bei bestimmten Wendungen wird im Französischen ein Adjektiv statt eines Adverbs verwendet:

parler **bas/fort** *(leise/laut sprechen)*
sentir **bon/mauvais** *(gut/schlecht riechen)*
coûter **cher** *(teuer sein)*
travailler **dur** *(hart arbeiten)*

Die Adverbien „très“ und „beaucoup“

Das Adverb **très** *(sehr)* modifiziert ein ***Adjektiv*** oder ***Adverb***:

Il nage **très vite.** *Er schwimmt sehr schnell.*

Das Adverb **beaucoup** *(sehr viel)* modifiziert ein ***Verb***:

Elle l'**aime beaucoup.** *Sie liebt ihn sehr.*

Merke

Vorsicht:
beaucoup und **très** können nicht kombiniert werden.
„sehr viel“ heißt einfach auch „beaucoup“:
Il mange beaucoup. *Er isst sehr viel.*

Einige unregelmäßige Formen muss man auswendig lernen, z. B.:

bon, bonne → **bien** *(gut)*
mauvais, mauvaise → **mal** *(schlecht)*
meilleur, meilleure → **mieux** *(besser)*
gentil, gentille → **gentiment** *(nett)*
bref, brève → **brièvement** *(kurz)*
énorme → **énormément** *(enorm, sehr)*

Die meisten Adjektive auf **-ant** und **-ent** bilden das Adverb auf **-amment** bzw. **-emment**:

constant → const**amment** *(ständig)*
apparent → appar**emment** *(anscheinend)*

Unregelmäßige Steigerungsformen

Adjektive:

Grundform	Komparativ	Superlativ
bon *gut*	**meilleur** *besser*	**le meilleur, la meilleure** *der, die, das beste*
mauvais* *schlimm*	**pire** *schlimmer*	**le, la pire** *der, die, das schlimmste*
petit* *gering*	**moindre** *geringer*	**le, la moindre** *der, die, das geringste*

* Bei **mauvais** in der Bedeutung *schlecht* und **petit** in der Bedeutung *klein* ist die Steigerung regelmäßig.

Adverbien:

Grundform	Komparativ	Superlativ
bien *gut*	**mieux** *besser*	**le mieux** *am besten*
beaucoup *viel, sehr*	**plus** *mehr*	**le plus** *am meisten*
peu *wenig*	**moins** *weniger*	**le moins** *am wenigsten*

Bitte nicht verwechseln!

au moins = *mindestens*

Il gagne au moins 5000 euros par mois. *Er verdient mindestens 5000 Euro im Monat.*

du moins = *zumindest, wenigstens*

C'est du moins ce que nous pensons. *Das denken wir zumindest.*

12 Setzen Sie ins Maskulinum!

1. Catherine est une belle actrice.

Maurice est un .... acteur.

2. J'ai une nouvelle voiture.

Mon mari a un .... ordinateur.

3. Ma grand-mère est une vieille dame.

Mon grand-père est un .... homme.

13 Ergänzen Sie die fehlenden Adjektive! Was fällt hier auf?

bleu vert | aubergine | super | sympa | bon marché | gris souris

1. Hier, on a passé une soirée ....

2. Elle porte une jupe .... , des gants ....

et des chaussures ....

3. Ce sont des gens vraiment ....

4. J'ai acheté des œufs ....

Es fällt auf, dass ....

14 Ersetzen Sie die Formulierung mit „comme“ durch das Farbadjektiv nach dem vorgegebenen Muster:

1. La robe rouge comme une tomate me plaît beaucoup.

La robe tomate me plaît beaucoup. ....

2. Leur appartement a des murs bleus comme l'océan.

....

3. J'ai acheté deux pulls verts comme une pomme.

....

4. Cela ne va pas ensemble: Les bougies violettes comme une aubergine et la nappe rouge comme une cerise.

....

15 Ordnen Sie die Steigerungsformen ihrer Grundform zu!

1. mauvais	**a)** meilleur
2. peu	**b)** mieux
3. bon	**c)** pire
4. beaucoup	**d)** moins
5. bien	**e)** plus

2.5 Präpositionen

Unterschiede bei der Verwendung von Präpositionen

Hier passieren häufig Fehler. Vergleichen Sie!

sous la tente, **sous** la pluie	***im*** *Zelt*, ***im*** *Regen*
sur Internet	***im*** *Internet*
dans la rue	***auf*** *der Straße*
à la télévision, **à la** radio	***im*** *Fernsehen*, ***im*** *Radio*
être **au** monde	***auf*** *der Welt sein*
être fâché **contre** quelqu'un	*böse* ***auf*** *jemanden sein*

dans la rue

Hier ist es sogar genau umgekehrt wie im Deutschen:

am *Himmel*	**dans** le ciel
im *Himmel*	**au** ciel

Auch hier ist die Perspektive anders als im Deutschen:

boire **dans** un verre	***aus*** *einem Glas trinken*
manger **dans** une assiette	***von*** *einem Teller essen*
prendre quelque chose **dans** l'armoire / **sur** la table ...	*etwas* ***aus*** *dem Schrank /* ***vom*** *Tisch nehmen*

Verwechseln Sie nicht:

de *für die Menge*	**à** *für den Behälter/Zweck*
une tasse **de** café *eine Tasse Kaffee*	une tasse **à** café *eine Kaffeetasse*
un verre **de** vin *ein Glas Wein*	un verre **à** vin *ein Weinglas*

Einige wichtige Verbanschlüsse mit Präpositionen

à	de
apprendre **à** faire quelque chose *lernen, etwas zu tun*	oublier **de** faire quelque chose *vergessen, etwas zu tun*
arriver **à** faire quelque chose *etwas schaffen*	arrêter **de** faire quelque chose *aufhören, etwas zu tun*
commencer **à** faire quelque chose *anfangen, etwas zu tun*	essayer **de** faire quelque chose *versuchen, etwas zu tun*

Erinnern Sie sich noch an den Unterschied von **jouer de** und **jouer à**?

Beachten Sie die Unterschiede zwischen den beiden Sprachen:

contribuer **à** quelque chose ***zu** etwas beitragen*	s'excuser **de** quelque chose *sich **für** etwas entschuldigen*
s'intéresser **à** quelque chose sich ***für*** etwas interessieren	menacer quelqu'un **de** quelque chose *jemandem **mit** etwas drohen*
parler **à** quelqu'un ***mit** jemandem reden*	s'occuper **de** qc *sich **mit** etwas beschäftigen*
participer **à** qc ***an** etwas teilnehmen*	remercier qn **de** qc *jemandem **für** etwas danken*

Verben des **Wünschens** und **Wollens** und des **Geschmacks** werden ohne **Präposition** angeschlossen:

J'espère pouvoir venir bientôt.

Ich hoffe, dass ich bald kommen kann.

J'adore aller au cinéma.

Ich gehe sehr gern ins Kino.

Einige wichtige Adjektivanschlüsse mit Präpositionen

Beachten Sie die Unterschiede!

à	de
comparable à *vergleichbar **mit***	amoureux de *verliebt **in***
contraire à *im Widerspruch **zu***	caractéristique de, typique de *typisch **für***
identique à *identisch **mit***	content de *zufrieden **mit**, froh **über***
sensible à *empfindlich **gegen***	jaloux de *eifersüchtig **auf***

Nach **quelque chose** und **rien** werden Adjektive mit **de** angeschlossen:

quelque chose de beau – *etwas Schönes*,
rien de nouveau – *nichts Neues*

Geografische Angaben

à	*bei Städten und bei Ländern ohne Artikel*	**à** Paris, **à** Berlin, **à** Cuba
au	*bei maskulinen Ländern*	**au** Canada, **au** Japon
aux	*bei Ländern im Plural*	**aux** États-Unis, **aux** Pays-Bas
en	*bei femininen Ländern und allen Erdteilen*	**en** France, **en** Italie, **en** Allemagne, **en** Afrique, **en** Asie

Aber:
Vor maskulinen Ländernamen, die mit Vokal beginnen, steht **en**:
en Israël, **en** Angola

Lerntipp

Ob nach einem Verb oder einem Adjektiv **à** oder **de** steht, sollte am besten gleich mitgelernt werden.

Die Präpositionen „à“ und „chez“ bei Ortsangaben

Bei Orten steht **à**:

Je vais **à** la boulangerie. *Ich gehe in die Bäckerei.*

Bei Personen steht **chez**:

Je vais **chez** le boulanger. *Ich gehe zum Bäcker.*

Zeitangaben

- ***Monate*** stehen mit **en**, alternativ mit **au mois de**:
  en janvier, **en** mai, **en** avril, ...
  au mois de janvier, **au mois de** mai, **au mois d'**avril, ...
  (im Januar, im Mai, im April, ...)

- ***Jahreszeiten*** (außer ***printemps***) stehen mit **en**:
  en été, **en** automne, **en** hiver, *aber* **au** printemps
  (im Sommer, im Herbst, im Winter, im Frühling)

- ***Jahreszahlen*** stehen mit **en**:
  en 2014 *(deux mille quatorze)*, **en** 1995 *(dix-neuf cent quatre-vingt-quinze)*

- **Wochentage** stehen ohne Präposition. Vergleichen Sie:
  dimanche – *am Sonntag*
  le dimanche – *sonntags, jeden Sonntag*

Erinnern Sie sich noch daran, dass **Datumsangaben** wie „le onze novembre“ *(am 11. November)* **ohne Präposition** stehen?

„dans" und „en" bei Zeitangaben

en = in *(„innerhalb von")* bezeichnet einen Zeitraum, in dem eine Handlung stattfindet:

J'ai lu ce livre en deux jours. *Ich habe das Buch **in** zwei Tagen gelesen.*

dans = in *(„nach Ablauf von")* steht, wenn das Ende einer Handlung in der Zukunft liegt:

Je serai prête dans deux minutes. *Ich bin **in** zwei Minuten fertig.*

„avant" und „il y a" bei Zeitangaben

avant = vor bezeichnet einen Zeitpunkt, vor dem eine Handlung stattfindet oder stattgefunden hat:

Elle veut partir **avant** Noël. *Sie will **vor** Weihnachten wegfahren.*

il y a = vor bezeichnet einen Zeitpunkt in der Vergangenheit, der vor dem Sprechzeitpunkt liegt:

Elle est partie **il y a** trois heures. *Sie ist **vor** drei Stunden gegangen.*

Fortbewegungsmittel

Normalerweise steht en vor Fortbewegungsmitteln:

en train *(**mit dem** Zug)*, **en** avion *(**mit dem** Flugzeug)*,
en voiture *(**mit dem** Auto)*, **en** bateau *(**mit dem** Schiff)* …

Aber in folgenden Fällen wird à verwendet:

à vélo/**à** bicyclette *(**mit** dem Fahrrad)*, **à** pied *(**zu** Fuß)*,
à cheval *(**zu** Pferd/**auf** dem Pferd)*

16 Wandeln Sie die Sätze nach folgendem Muster um!

J'ai commencé le travail.
J'ai commencé à travailler.

1. Elle apprend le calcul.

....

2. Arrête tes critiques sur mon français !

....

3. Il n'a jamais oublié son rêve de voyage autour du monde.

....

4. J'ai essayé la traduction du texte.

....

Merke

En steht bei Fortbewegungs-mitteln mit Dach,
à bei Fortbewegungsmitteln ohne Dach.

Auch beim Cabrio ohne Dach heißt es natürlich **en voiture**.

17 Ordnen Sie die passenden Präpositionen zu!

dans à sous sur

1. Nous avons passé la nuit .... la tente.
2. Tu as vu le film .... la télé ?
3. J'ai trouvé un lien intéressant .... Internet.
4. Il est descendu .... la rue.

18 Ergänzen Sie die richtige Präposition!

1. La Vésuve est un volcan situé .... Italie.
2. Les pyramides sont .... Égypte.
3. La tour Eiffel se trouve .... Paris.
4. Lisbonne est la capitale .... Portugal.

19 Unterstreichen Sie die richtige Variante!

1. Je fais mes courses au / chez le supermarché.
2. Vais au / chez le boucher pour acheter de la viande !
3. Elle travaille à / chez la pharmacie.
4. Il se fait couper les cheveux au / chez le coiffeur.

2.6 Pronomen

Die Reihenfolge der unbetonten Pronomen

Im Gegensatz zum Deutschen stehen im französischen Aussagesatz die unbetonten Pronomen und die Adverbialpronomen vor dem Verb.

Bei einer Kombination aus mehreren Pronomen stehen sie in dieser Reihenfolge:

me **te** **se** **nous** **vous**	**le** **la** **les**	**lui** **leur**	**y**	**en**

Je **te le** dis. *Ich sage es dir.*
Je **le lui** ai dit. *Ich habe es ihm / ihr gesagt.*
Ne **leur en** donne pas. *Gib ihnen nichts davon!*
Il **y en** a encore. *Es gibt noch welche.*

Merke

Im Gegensatz zum *betonten maskulinen* Pronomen **lui**, das hinter dem Verb steht und dessen feminines Pendant **elle** ist, kann das *unbetonte* Pronomen **lui** sowohl *maskulinum* oder *femininum* sein und „ihm“ oder „ihr“ bedeuten.

Il donne le livre à sa sœur.
Il le lui donne.

Die Übersetzung des deutschen Pronomens „sie“

Je nach grammatischer Kategorie kann das deutsche „sie“ ganz unterschiedlich übersetzt werden. Hier muss man also genau überlegen, um welches „sie“ es sich handelt:

- **Subjekt:**

sie spricht	*(die Frau)*	**elle** parle
sie sprechen	*(die Frauen)*	**elles** parlent
sie sprechen	*(die Männer und Frauen)*	**ils** parlent

- **direktes Objekt:**

ich sehe ***sie***	*(die Frau)*	je **la** vois
ich sehe ***sie***	*(die Männer und/oder Frauen)*	je **les** vois

- **indirektes Objekt:**

ich frage ***sie***	*(die Frau)*	je **lui** demande
ich frage ***sie***	*((die Männer und/oder Frauen)*	je **leur** demande

- **präpositionales Objekt:**

ich denke an ***sie***	*(an die Frau)*	je pense **à elle**
ich denke an ***sie***	*(an die Frauen)*	je pense **à elles**
ich denke an ***sie***	*(an die Männer und Frauen)*	je pense **à eux**

- **Höflichkeitsform:**

Wer sind ***Sie***?	*(Singular und Plural)*	Qui êtes-**vous** ?

elle

elles

ils

ils

Die Übersetzung des deutschen Pronomens „ihr“

Überlegen Sie genau, welches „ihr“ Sie übersetzen wollen:

- **Subjekt:**
  ihr kommt *(die Männer (und/oder Frauen))* **vous** venez

- **indirektes Objekt:**
  ich gebe ***ihr*** ein Buch *(der Frau)* je **lui** donne un livre

- **präpositionales Objekt:**
  ich arbeite mit ***ihr*** *(mit der Frau)* je travaille avec **elle**

- **Possessivpronomen:**

ihr Hund	*(der Frau)*	**son** chien
ihr Auto	*(der Frau)*	**sa** voiture
ihr Hund/Auto	*(der Männer und/ oder Frauen)*	**leur** chien/voiture

- **Höflichkeitsform:**

Ihr Hund/Auto	*(Singular und Plural)*	**votre** chien/voiture

Die Possessivpronomen

Vor Vokal und stummem *h* werden **ma**, **ta** und **sa** zu **mon**, **ton** und **son**: **mon** frère *und* **ma** sœur, *aber* **mon** ami *und* **mon** amie.

Leichter als Sie dachten ...

Das Possessivpronomen richtet sich anders als im Deutschen in Geschlecht und Zahl nur nach dem Objekt und nicht nach dem Besitzer. Also heißt **son frère** „sein" oder „ihr" Bruder und **sa sœur** „seine" oder „ihre" Schwester.

Verwechseln Sie nicht die Possessivpronomen **leur** *(ihr)* und **leurs** *(ihre)* mit dem unbetonten unveränderlichen Pronomen **leur** *(ihnen)*:

Ils aiment **leur** enfant. *Sie lieben **ihr** Kind.*

Ils aiment **leurs** enfants. *Sie lieben **ihre** Kinder.*

aber:

Je **leur** ai donné les CD. *Ich habe **ihnen** die CDs gegeben.*

Nur das Possessivpronomen kann ein **-s** haben, und zwar dann, wenn das Besitzobjekt im Plural steht.

Die Pronomen „qui“ und „que“

Die Fragepronomen

qui fragt nach **Personen**:

Qui a vu l'accident ?	***Wer*** *hat den Unfall gesehen?*
Tu attends **qui** ?	*Auf* ***wen*** *wartest du?*
À **qui** appartient la moto ?	***Wem*** *gehört das Motorrad?*

que fragt nach **Dingen**:

Que dit-il ?	***Was*** *sagt er?*

Die Relativpronomen

qui bezieht sich auf Lebewesen oder Dinge als **Subjekt** im Nebensatz:

la femme **qui** s'appelle Rosalie	*die Frau,* ***die*** *Rosalie heißt*
le vélo **qui** appartient à Sylvie	*das Fahrrad,* ***das*** *Sylvie gehört*

que bezieht sich auf Lebewesen oder Dinge als **direktes Objekt** im Nebensatz:

la femme **que** j'aime	*die Frau,* ***die*** *ich liebe*
le vélo **que** j'ai acheté	*das Rad,* ***das*** *ich gekauft habe*

Die Indefinitpronomen „tout“ und „tous, toutes“

Das neutrale und unveränderliche tout [tu] *(alles)* bezeichnet eine Gesamtheit von Dingen:

Sur ce site vous trouverez **tout** sur le fromage.
Auf dieser Internetseite finden Sie alles über Käse.

tous [tus] *(maskulinum)* und toutes [tut] *(femininum)* „alle“ bezeichnen alle Lebewesen oder Dinge einer Gruppe:

Aujourd'hui, **tous** sont venus. *Heute sind alle gekommen.*

Nach **tout, tous** und **toutes** kann nicht direkt ein Relativsatz stehen, sondern es wird **ce** bzw. **ceux** oder **celles** eingeschoben:

C'est **tout ce** que je veux. *Das ist alles, was ich will.*

Merke

Verwechseln Sie nicht **tous** *(alle)* und **tout ce** *(alles, ...).*
Beide werden [tus] ausgesprochen). Vergleichen Sie:
Tous me regardent. – ***Alle** sehen mich an.*
C'est **tout ce** que je veux. – *Das ist **alles**, was ich will.*

In Kapitel 3.2 erfahren Sie mehr zur französischen Aussprache.

Die Adverbialpronomen „en“ und „y“

Das Pronomen **en** ersetzt Ergänzungen mit **de**:

On parle de ce film.	On **en** parle.
Man spricht von diesem Film.	*Man spricht* ***davon*** *oder* ***darüber****.*

Beachten Sie unbedingt:

En steht auch, wenn von einer unbestimmten Anzahl oder Menge die Rede ist:

Il a fait combien de fautes ?	Il **en** a fait beaucoup.
Wie viele Fehler hat er gemacht?	*Er hat viele gemacht.*
Tu veux des bonbons ?	Oui, j'**en** veux / Non, je n'**en** veux plus.
Willst du Bonbons?	*Ja, ich will welche. /Nein, ich will keine mehr.*

Merke

s'en aller heißt übrigens einfach „weggehen“:
Il s'en va. *Er geht weg.*

Das Pronomen **y** ersetzt Ergänzungen mit **à** und Ortsangaben mit den Präpositionen ***dans***, ***en***, ***sous***, ***sur*** usw.:

Elle s'intéresse **à** la mode. *Sie interessiert sich für Mode.*	Ah, elle s'**y** intéresse ? *Ah, interessiert sie sich dafür?*
Pierre retournera **en** Italie ? *Kehrt Pierre nach Italien zurück?*	Non, il n'**y** retournera jamais. *Nein, er kehrt nie mehr dorthin zurück.*

Tipp

In einigen festen Wendungen ist die Bedeutung von **y** heute verblasst:

s'y connaître *sich auskennen*

Ça y est ! *So!, Fertig!, Das wär's!*

il y a... *s gibt ... :*

Comme dessert, il y a des fruits. *Zum Nachtisch gibt es Obst.*

Achtung!

Die Pronomen **en** und **y** ersetzen nie Personen!
In diesem Fall steht das betonte Personalpronomen:

Elle parle de son frère ? – Oui, elle parle **de lui**.
Spricht sie von ihrem Bruder? – Ja, sie spricht von ihm.

Tu penses à Pierre ? – Non, je ne pense pas **à lui**.
Denkst du an Pierre? – Nein, ich denke nicht an ihn.

Beim Imperativ werden **en** und **y** mit Bindestrich angehängt, bei den Verben auf *-er* wird zusätzlich ein **-s** eingefügt:

Prend**s-en** ! *Nimm davon!, Nimm welche!*
Va**s-y** ! *Los!, Mach schon!*

20 Ersetzen Sie die Substantive durch Pronomen!

1. J'écris le texto à Zoé.

....

2. Tu prêtes tes lunettes à ton mari ?

....

3. Il accompage son ami à la gare.

....

4. Elle donne trop de bonbons à ses enfants.

....

Wussten Sie schon?

Wie bei **texto** statt *SMS* werden in Frankreich viele Anglizismen gern vermieden. So sagt man oft **courriel** statt *E-Mail*, **logiciel** statt *Software* oder **en direct** statt *live*.

21 Übersetzen Sie den folgenden Text! Achten Sie dabei besonders auf das Wort „sie"!

Das ist Frau Müller. Ich kenne sie gut. Sie hat zwei Söhne. Sie heißen Lukas und Felix. Ich frage sie: „Helfen Sie Ihrer Mutter im Haushalt?"

....

....

....

22 Übersetzen Sie den folgenden Text! Achten Sie dabei besonders auf das Wort „ihr"!

Das ist Susi. Ich lebe mit ihr in einer Wohnung. Ich nehme oft ihr Fahrrad oder ihr Auto und gebe ihr mein Handy. Manchmal fragen uns die Leute: „Seid ihr ein Paar?"

....

....

....

23 Unterstreichen Sie die richtige Variante!

1. Comment s'appelle le livre qui / que tu as lu ?

2. Elle achète des jupes qui / que sont trop courtes.

3. Je vois un homme qui / que porte un costume bleu.

4. Le steak qui / que j'ai mangé était saignant.

Wussten Sie schon?

Die verschiedenen Garzeiten für ein Steak sind **bleu** *(fast roh)*, **saignant** *(noch blutig)*, **à point** *(medium)* und **bien cuit** *(durchgebraten)*.

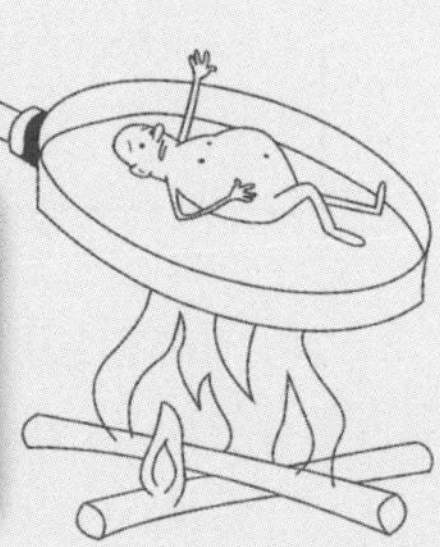

2.7 Die Verneinung

Anders als im Deutschen besteht die Verneinung im Französischen aus zwei Elementen, nämlich **ne** und **pas**:

Chloé **ne** vient **pas**. *Chloé kommt* ***nicht***.

Vor Vokal wird **ne** zu **n'** apostrophiert:

Chloé **n'**aime **pas** les pâtes. *Chloé mag* ***keine*** *Nudeln*.

Die Verneinung **ne ... pas** umschließt die unbetonten Pronomen und die konjugierte Verbform:

Elle **ne** les aime **pas**. *Sie mag sie* ***nicht***.
Elle **ne** les a **pas** aimées. *Sie mochte sie* ***nicht***.

Aber:
Bei Infinitivkonstruktionen stehen beide Elemente zusammen vor dem Infinitiv:

Je te prie de **ne pas** arriver en retard.
Ich bitte dich, nicht zu spät zu kommen.

Il vaut mieux **ne pas** en parler.
Es ist besser, nicht darüber zu sprechen.

Merke

Auch wenn in der französischen Umgangssprache das **ne** bzw. **n'** meist wegfällt, sollte man es als Nicht-Muttersprachler nicht weglassen!

Nur in Sätzen *ohne Verb* entfällt das **ne** ohnehin:

Tu as vu quelqu'un ? – Non, personne.
Hast du jemanden gesehen? – Nein, niemanden.

Neben **ne ... pas** gibt es weitere Verneinungspartikel, die im Satz genauso konstruiert werden:

Verneinung	Beispiel	Beachten Sie!
ne ... plus *nicht mehr*	Je **ne** peux **plus** dormir. *Ich kann nicht mehr schlafen.*	**ne ... plus** ist die Verneinung von ***encore*** *(noch)* und ***toujours*** *(immer noch)*
ne ... pas non plus *auch nicht*	Je **ne** le sais **pas non plus.** *Ich weiß es auch nicht.*	• **ne ... pas non plus i**st die Verneinung von ***aussi*** *(auch)* • ***„ich auch nicht"*** heißt **moi non plus**
ne ... personne *niemand*	Je **n'**ai vu **personne.** *Ich habe niemanden gesehen.* **Personne n'**est parfait. *Niemand ist vollkommen.*	• **ne ... personne** ist die Verneinung von ***quelqu'un*** *(jemand)* • es steht kein zusätzliches ***pas*** • **ne ... personne** umschließt bei zusammengesetzten Zeiten auch das Partizip Perfekt • **personne** kann auch selbst Subjekt sein und steht dann am Satzanfang
ne ... rien *nichts*	Il **n'**a **rien** dit. *Er hat nichts gesagt.* **Rien ne** marche aujourd'hui. *Heute klappt nichts.*	• **ne ... rien** ist die Verneinung von ***quelque chose*** (etwas) • es steht kein zusätzliches ***pas*** • **rien** kann auch selbst Subjekt sein und steht dann am Satzanfang

Die Verneinung

Verneinung	Beispiel	Beachten Sie!
ne ... jamais *nie(mals)*	Elle **ne** boit **jamais** d'alcool. *Sie trinkt nie Alkohol.*	• **ne ... jamais** ist die Verneinung von ***toujours*** (immer) • **jamais de la vie** heißt *„nie im Leben“* • es steht kein zusätzliches ***pas***
ne ... que *nur*	Cela **ne** coûte **que** cinq euros. *Das kostet nur fünf Euro.*	Verwenden Sie statt ***seulement*** das idiomatischere und elegantere **ne ... que**: Je **n'**ai **que** cinq euros sur moi. *Ich habe nur fünf Euro dabei.*

Bitte verwechseln Sie nicht **ne ... pas** und **non pas**!

ne ... pas steht bei der allgemeinen Verneinung einer Aussage, **non pas** wird dagegen verwendet, wenn von zwei Begriffen einer verneint wird:

Il **n'**aime **pas** Sara. *Er liebt Sara nicht.*

Il aime Anne et **non pas** Sara. *Er liebt Anne und nicht Sara.*

24 Antworten Sie mit „Non, ...“!

1. Est-ce que Nicolas vient samedi ?

Non, ...

2. Elle s’appelle Marianne ?

Non, ...

3. Le magasin est fermé le lundi ?

Non, ...

4. Tu leur as donné ton adresse ?

Non, ...

25 Ersetzen Sie „seulement“ durch „ne ... que“!

1. Je mange seulement une salade à midi.

....

2. Elle lit seulement des polars.

....

3. Il parle seulement avec des gens qu‘il connaît.

....

4. J‘ai seulement un jean.

....

26 Antworten Sie mit „Non, ...“ nach folgendem Muster!

Vous habitez toujours à Paris ?

Non, nous n'habitons plus à Paris.

1. Tu attends quelqu'un ce soir ?

Non, ...

2. Il raconte souvent des blagues ?

Non, ...

3. Est-ce qu'elle a dit quelque chose ?

Non, ...

4. Tu veux encore du gâteau ?

Non, ...

Typische Fehlerquellen in der Grammatik – kurz und knapp

Singular und Plural

Neben der regelmäßigen Pluralbildung mit **-s** gibt es zahlreiche ***unregelmäßige Pluralformen*** wie **jeu** → **jeux, beau** → **beaux, animal** → **animaux** oder **œil** → **yeux.**

Substantive und Adjektive auf **-s, -z** und **-x** sind unveränderlich.

Einige Substantive wie **les épinards** oder **les lunettes** stehen immer im Plural.

Genus und Artikel

Das Genus deutscher Substantive und ihrer französischen Entsprechungen ist wie bei **la dent** – *der Zahn*, **la toux** – *der Husten* oder **le million** – *die Million* oft unterschiedlich.

Im Gegensatz zum Deutschen sind die meisten französischen Wörter auf **-age** maskulin und alle **Automarken** feminin. Die meisten **Länder** sind feminin.

Einige Substantive wie **auteur** oder **médecin** bezeichnen auch Frauen mit der Maskulinform und umgekehrt einige wenige wie **vedette** oder **star** auch Männer mit der Femininform.

Neben der regelmäßigen Femininendung auf **-e** gibt es auch ***unregelmäßige Femininformen*** wie **beau** → **belle, frais** → **fraîche** oder **public** → **publique.**

Bei unbestimmten oder nicht zählbaren Mengen steht im Französischen der **Teilungsartikel.**

Das **„partitive de“** steht bei bestimmten, unbestimmten und negativen Mengenangaben.

Verben

In der französischen Sprache gibt es viele **unregelmäßige Verben,** die man lernen muss.

Es gibt feste Regeln für die Verwendung von **Imparfait** und **Passé composé.**

Bei **être** gibt es immer einen **„accord“** (Angleichung) des ***Passé composé*** gibt es immer bei **être,** bei **avoir** nur dann, wenn ein direktes Objekt vorausgeht.

Der **Subjonctif** steht meist in Nebensätzen mit ***que*** und muss in bestimmten Fällen gebraucht werden. Die Bildung ist oft unregelmäßig.

Adjektive und Adverbien

Die französischen Adjektive passen sich in Geschlecht und Zahl dem Subjekt an. Einige Adjektive wie **chic, super, bon marché** und viele **Farbadjektive** sind unveränderlich.

Normalerweise stehen französische Adjektive *hinter* dem Substantiv. Kurze und häufig gebrauchte Adjektive wie **bon, grand, beau** stehen aber *vor* dem Substantiv. Einige Adjektive wie **ancien, cher** oder **propre** haben je nach Position unterschiedliche Bedeutungen.

Französische **Adverbien** werden durch Anhängen von **-ment** an die Femininform des Adjektivs gebildet. Es gibt aber auch zahlreiche **unregelmäßige Adverbformen.**

Das Adverb **très** modifiziert Adjektive und Adverbien, das Adverb **beaucoup** modifiziert Verben.

Einige Adjektive wie **bon** oder **mauvais** und Adverbien wie **bien**, **peu** oder **beaucoup** haben **unregelmäßige Steigerungsformen**.

Präpositionen

Bei der Verwendung von Präpositionen gibt es in beiden Sprachen Unterschiede: ***im** Internet* = **sur** Internet, ***auf** der Straße* = **dans** la rue

Die präpositionalen Anschlüsse nach Verben und Adjektiven, besonders die mit **à** und **de**, werden am besten gleich mitgelernt.

Für die Verwendung von Präpositionen bei **geografischen Namen, Orts- und Zeitangaben** und **Verkehrsmitteln** gibt es feste Regeln.

Pronomen

Es gibt eine feste **Reihenfolge der unbetonten Personalpronomen** vor dem Verb. Für die Übersetzung der deutschen Pronomen „sie" und „ihr" gibt es jeweils mehrere Möglichkeiten.

Verneinung

Die **Verneinung** besteht immer aus zwei Elementen, die das Verb umschließen: **ne ... pas, ne ... plus, ne ... personne** usw.

Im gesprochenen Französisch lassen Muttersprachler das **ne** oft weg.

Avez-vous compris ? Machen Sie den Zwischentest zur Grammatik!

1 Bilden Sie den Plural zu folgenden Wörtern!

1. madame ....

2. un pays ....

3. un animal ....

4. un œil ....

2 Übersetzen Sie!

1. Virginie ist Ärztin.

....

2. Meine Mutter ist Autorin.

....

3. Susanne ist Architektin.

....

4. Es gibt eine Zeugin.

....

3 *De*, *de la*, *du* oder *des*?

1. Je prends .... lait dans mon café, s'il vous plaît.
2. Pour le gâteau, il nous faut .... farine.
3. Vous voudrez .... citron dans votre thé ?
4. Oh mince, il n y a plus .... sel.
5. Amélie veut encore .... bonbons.
6. Tu peux aller chercher .... confiture, s'il te plaît ?

4 Tout, tous, toute, toutes. Setzen Sie die passenden Formen in die Lücken ein!

1. J'ai invité .... mes amies.
2. Il pleure .... le temps.
3. Tu as beaucoup de livres ! Est-ce que tu les as .... lus ?
4. Il n'y a pas de problème ! .... va bien !

5 Unterstreichen Sie die richtige Variante: *Indikativ* oder *Subjonctif*?

1. Je veux que tu fais / fasses tes devoirs.
2. Ma voisine dit qu'elle est / soit médecin.
3. Je ne pense pas que cela est / soit nécessaire.
4. Tu sais quelle n'a / aie pas raison.

6 Ergänzen Sie mit dem korrekt angeglichenen Adjektiv!

1. Ma fille est très schön ....
2. Édouard est un homme intelligent ....
3. Ne veux-tu pas jeter ces alt .... vêtements ?
4. Il reste encore une halb .... bouteille de jus de fruit.

7 Unterstreichen Sie die passende Präposition!

1. Claire veut apprendre de / à jouer de la guitare.
2. Christophe n'arrête pas de / à m'énerver !
3. Emmanuelle a commencé de / à lire un nouveau livre.
4. Jean n'arrive pas de / à s'entraîner régulièrement.

8 Ersetzen Sie die unterstrichenen Satzteile durch die passenden Pronomen!

1. Je donne <u>un livre</u> <u>à mon frère</u>.

   ....

2. Tu racontes <u>cette histoire</u> <u>à ton amie</u>.

   ....

3. Je mets <u>mes chemises</u> <u>dans la machine à laver</u>.

   ....

4. Je me suis préparé <u>une tisane</u>.

   ....

3. Aussprache und Rechtschreibung

3.1 Rechtschreibung

Falsche Freunde – „faux amis“

Nicht nur im Wortschatz, sondern auch in der Rechtschreibung gibt es zahlreiche „faux amis“.

Die Schreibung von
abricot *(Aprikose)*, agressif *(aggressiv)*, camarade *(Kamerad)*, carnaval *(Karneval)*, caractère *(Charakter)*, cigare *(Zigarre)*, contrôle *(Kontrolle)*, étape *(Etappe)*, fonctionner *(funktionieren)*, guitare *(Gitarre)*, girafe *(Giraffe)*, littérature *(Literatur)*, rythme *(Rhythmus)*
und vielen anderen muss man sich deshalb genau einprägen.

Akzente

Hierzu erfahren Sie mehr im Kapitel 3.2 zur Aussprache.

Die Akzente geben nicht nur Hinweise auf die Aussprache wie bei **côté** [kote] *(Seite)* und **côte** [kot] *(Küste)*, sondern kennzeichnen auch Bedeutungsunterschiede wie bei **sur** *(auf)* und **sûr** *(sicher)*, **ou** *(oder)* und **où** *(wo/wohin)*, **a** (*Verbform von* avoir) und **à** *(Präposition)* oder **la** *(Artikel/unbetontes Pronomen)* und **là** (Adverb), ohne dass sich dabei die Aussprache ändert.

Wussten Sie schon?

Laut „Académie française“, der berühmten französischen Gesellschaft zur Sprachpflege, sollen auch auf Großbuchstaben Akzente gesetzt werden, dies wird aber in der Praxis meist vernachlässigt.

Wussten Sie ...

... dass der accent circonflexe oft da steht, wo im Altfranzösischen einmal ein *s* stand? Bei einigen dieser Wörter findet man das „verlorene s" in der englischen Entsprechung noch vor: **hôpital** – **hospital**, **hôtel** – **hostel**, **île** – **island**.

Vergessen Sie auch da die Akzente nicht, in denen die entsprechenden deutschen Wörter (natürlich) keinen Akzent haben und bauen Sie sich Eselsbrücken wie diese:

«Ein Hotel (hôtel) und ein Krankenhaus (hôpital) brauchen immer ein Dach.»

Wortendungen

Besonders bei Verb, Plural- und Femininendungen muss man aufpassen. Denn meist werden diese Endungen nicht ausgesprochen und die verschiedenen Formen hören sich gleich an:

je parl**e** [parl], tu parl**es** [parl], ils parl**ent** [parl]
la tabl**e** [tabl], les tabl**es** [tabl]
un jeu [ʒø], des jeu**x** [ʒø]
mon ami [ami], mon ami**e** [ami], mes ami**s** [ami], mes ami**es** [ami]
quel [kɛl], quel**le** [kɛl], quel**s** [kɛl], quel**les** [kɛl]

Groß- und Kleinschreibung

Anders als im Deutschen werden im Französischen Substantive kleingeschrieben.

Großgeschrieben werden im Französischen nur:

- Eigennamen und Ortsnamen:
  Georges **P**ompidou, l'**A**llemagne, les **É**tats-**U**nis, **P**aris, **L**ondres, la **P**rovence
- Bezeichnungen von Einwohnern:
  un **P**arisien, les **F**rançais
- Feiertage:
  Noël, **P**âques, la **T**oussaint
- Himmelsrichtungen ohne Ergänzung, wenn sie eine Gegend bezeichnen:
  Il vit dans le **N**ord.
- **Monsieur** und **Madame** und Titel in der Anrede:
  Bonjour, **M**onsieur le **P**résident !
- Institutionen wie l'**É**tat, l'**É**glise, le **M**inistère usw. im Gegensatz zum Gebäude
- Anfänge von Buch- und anderen Titeln und deren erstes Substantiv (und vorhergehendes Adjektiv) nach dem bestimmten Artikel:
  Le **M**onde, Le **N**ouvel **O**bservateur, Le **P**etit **P**rince
- **Internet** und die Planeten (**S**aturne, **M**ars usw.) werden als Eigennamen angesehen und deshalb groß und ohne Artikel geschrieben.

Erinnern Sie sich, dass „im Internet" sur Internet heißt?

Zahlen

Sie wissen bereits aus Kapitel 1.5, dass Zahlen im Französischen oft anders dargestellt werden als im Deutschen:

- **Ordnungszahlen** schreibt man statt mit Punkt mit Exponenten:
  1er bzw. 1re, 2^{e}, 3^{e} usw.

- **Datumsangaben** werden in offiziellen Dokumenten so dargestellt: 11/09/2014 oder auch 11-09-2014
- **Herrscher** und **Jahrhunderte** werden mit römischen Ziffern geschrieben: Napoléon Ier (Premier), Louis XIV (Quatorze),Élisabeth II (Deux) le XXIe siècle

Die Cedille

Die Cedille (frz. *cédille*) ist das Häkchen unter dem c, also **ç** oder **Ç**. Es bewirkt, dass ein **c vor a, o, u**, das eigentlich wie [k] gesprochen werden müsste, wie [s] ausgesprochen wird:

commen**ç**ons [kɔmɑ̃sɔ̃], commen**ç**ait [kɔmɑ̃sɛ], dé**ç**u [desʏ], fran**ç**ais [frɑ̃sɛ], le**ç**on [ləsɔ̃]

Mehr zum Gebrauch der Cedille erfahren Sie im Kapitel 3.2 zur Aussprache von **c** und **g** vor Vokal.

Das Trema

Das Trema, die beiden Pünktchen auf einem Vokal, bewirken, dass beide Vokale getrennt ausgesprochen werden:

haïr [air], égoïste [egɔist], Noël [nɔɛl]

Durch das Trema entfällt ein möglicher Nasal:

Citroën [sitrɔɛn]

Achtung: Bei den Formen des Singular Präsens von *haïr* fällt das Trema weg: je/tu **hais**, il/elle **hait** – die Formen werden also [ɛ] ausgesprochen.

Das Komma

Die meisten Satzzeichen wie Punkt, Doppelpunkt, Semikolon, Klammern usw. werden im Französischen genauso wie im Deutschen gebraucht. Nur beim Komma gibt es Unterschiede.

Leichter als Sie dachten ...

Kommas werden im Französischen anders gesetzt als im Deutschen.

Bei der Abtrennung von Haupt- und Nebensatz steht meist kein Komma:

Tu sais que je t'aime.	*Du weißt, dass ich dich liebe.*
Je me demande où elle est.	*Ich frage mich, wo sie ist.*
Il m'a prié de l'aider.	*Er hat mich gebeten, ihr zu helfen.*

Ein Komma wird aber gesetzt

- bei adverbialen Bestimmungen am Anfang oder Ende des Satzes:

Hier, je suis allé au cinéma.	*Gestern bin ich ins Kino gegangen.*
Tout va bien, heureusement.	*Zum Glück läuft alles gut.*

- vor **etc.**: Paris, Londres, Berlin, etc.

Erinnern Sie sich an die vielen Fragen auf den Seiten 85 und 86?

Frage- und Ausrufezeichen

Vor Frage- und Ausrufezeichen wird immer eine Leerstelle gesetzt:

Comment ça va ?	*Wie geht's?*
Fais vite !	*Mach schnell!*

Weitere Satzzeichen

Auch nach Doppelpunkt (:) sowie nach « und vor » steht im Französischen ein Leerzeichen:

Il a demandé : « Est-ce que tu viens avec nous ? »

Übungen

1 Entscheiden Sie: Einfach- oder Doppelkonsonant?

1. a.........ressif *(g)*

2. rô.........e *(l)*

3. fonctio.........er *(n)*

4. ciga.........e *(r)*

5. li.........érature *(t)*

6. contrô.........er *(l)*

7. gira.........e *(f)*

8. cigare.........e *(t)*

2 Ergänzen Sie die Akzente, falls nötig!

1. Le restaurant se trouve sur le cote gauche de la rue.

2. Qu'est-ce que tu fais la ?

3. Ou sont mes lunettes ? – Elles sont sur la table.

4. Je suis sure qu'elle est en vacances sur la Cote d'Azur.

Wussten Sie schon ...

... dass die schwierige Rechtschreibung im Französischen auch für die Franzosen selbst eine Herausforderung darstellt und sie daher gern ihr Wissen bei Sprachquiz-Spielen testen? Viele Franzosen sehen an jedem Wochentag nachmittags im Fernsehen das Sprach- und Zahlenquiz «Des chiffres et des lettres» und raten mit großer Begeisterung mit. Früher gab es die überaus beliebten „Dicos d´Or", große Rechtschreibwettbewerbe, bei dem der als Champion gekürt wurde, der bei kniffligen Diktaten die wenigsten Fehler machte. Übrigens besitzt fast jede französische Familie ein Wörterbuch.

3.2 Aussprache

Werfen Sie noch einmal einen Blick auf die Beispiele zu den Wortendungen in Kapitel 3.1!

Die Aussprache des Französischen ist für deutsche Lerner nicht immer leicht. Das liegt daran, dass viele Buchstaben anders als im Deutschen ausgesprochen werden. Besonders bei Verb-, Plural- und Femininendungen werden Endungen meist sogar ganz verschluckt.

Wörter mit besonders schwieriger Aussprache

Einige französische Wörter entsprechen in ihrer Aussprache nicht einmal den allgemeinen Regeln. Hier sind einige der spektakulärsten:

l'oignon [lɔɲõ]
la poêle [la pwal]
la femme [la fam]
second(e) [səgõ(d)]
l'automne [lotɔn]
la sculpture [la skyltyr]

l'os [lɔs], les os [lezo]
l'œuf [lœf], les œufs [lezø]
le bœuf [lə bœf], les bœufs [le bø]
la clef [la kle]
le clown [lə klun]
le club [lə klœb]

Gleiche Aussprache bei unterschiedlicher Schreibung und Bedeutung – Homophonie

Im Französischen hören sich viele Wörter gleich an, obwohl sie unterschiedlich geschrieben werden. Hier nur einige Beispiele:

[so] → **sceau** *(Siegel)* – **saut** *(Sprung)* – **seau** *(Eimer)* – **sot** *(dumm)*
[vwa] → **voie** *(Weg)* – **voix** *(Stimme)* – **vois** *(sehe, siehst)* – **voit** *(sieht)*
[vɛr] → **ver** *(Wurm)* – **verre** *(Glas)* – **vers** *(Vers, gegen)* – **vert** *(grün)*
[myr] → **mur** *(Mauer)* – **mûre** *(Brombeere)* – **mûr** *(reif)*
[fwa] → **foi** *(Glaube)* – **foie** *(Leber)* – **fois** *(Mal)*
[prɛ] → **près** *(nah)* – **prêt** *(fertig)*
[tɑ̃t] → **tente** *(Zelt)* – **tante** *(Tante)*

Dans ta tente ta tante t'attend.

Lerntipp

Weil man oft nicht von der Aussprache auf die richtige Schreibung schließen kann, muss man lernen, wie die Wörter geschrieben werden.

Gleiche Schreibung bei unterschiedlicher Aussprache und Bedeutung – Homographie

Viele Wörter werden zwar gleich geschrieben, aber trotzdem ganz anders ausgesprochen. So kann die Buchstabenkombination **-eu** wie in p**eu** und **Eu**rope [ø], wie in fl**eu**r und p**eu**r [œ] oder wie in **eu** oder **eu**t [y] ausgesprochen werden.

Lerntipp

Versuchen Sie so oft wie möglich, französische Sender im Radio oder im Fernsehen einzustellen, genau hinzuhören und sich die Aussprache einzuprägen. Am besten ist es natürlich, sich mit Franzosen oder Französinnen zu unterhalten, wann immer Sie die Möglichkeit dazu haben. So prägt sich die richtige Aussprache am besten ein.

Beispiele für Homographe sind:

as [a] *(hat)* und **as** [as] *(As)*
est [ɛ] *(ist)* und **est** [ɛst] *(Osten)*
fils [fis] *(Sohn)* und **fils** *pl* [fil] *(Fäden)*

Die Aussprache von Endkonsonanten

Normalerweise werden die Endkonsonanten französischer Wörter nicht ausgesprochen. Es gibt aber auch Ausnahmen. Auch hier kann man die Aussprache nur durch häufiges Hören und Nachsprechen üben.

Vergleichen Sie:

Endkonsonant gesprochen	Endkonsonant nicht gesprochen
mars [mars] ours [urs] sens [sãs]	chaos [kao] sans [sã]
lac [lak]	caoutchouc [kautʃu] tabac [taba]
avril [avril]	fusil [fyzi] gentil [ʒãti] persil [pɛrsi]
contact [kõtakt] direct [dirɛkt]	aspect [aspɛ] instinct [ɛ̃nstɛ̃] respect [rɛspɛ]
chut [ʃyt] zut [zyt]	nerf [nɛr] Jésus-Christ [ʒezykri]
cinq [sɛ̃k] sept [sɛt] neuf [nœf] huit [ɥit], six [sis], dix [dis] *vor Vokal* vingt [vɛ̃t] *vor Vokal, stummem h und in den Zahlen 21 bis 29*	huit [ɥi], six [si], dix [si] *vor Konsonant* vingt [vɛ̃]
plus [plys] *allein*	plus [ply] *vor Adjektiv und Adverb*
tous [tus] *als Pronomen*	tous [tu] *als Adjektiv*

Leichter als Sie dachten ...

Bei einigen Wörtern wie **août** [u(t)], **fait** [fɛ(t)] oder **but** [by(t)] sind beide Aussprachevarianten möglich.

Die „liaison“

Wenn ein eigentlich stummer Konsonant wie das Plural-s beim Sprechen mit dem folgenden Vokal oder stummem *h* verbunden wird, nennt man das „liaison“:
ils parlent [ilparl], aber *ils ont parlé* [ilzõparle], *ils habitent* [ilzabit]
deux femmes [døfam], aber *deux hommes* [døzɔm]

Bei Adjektiven auf **-ier**, die vor einem Substantiv mit Vokal oder stummem *h* stehen, bewirkt die *liaison*, dass sich maskuline und feminine Form in der Aussprache gleich anhören:

la première classe [laprəmjɛrklas] und *le premier enfant* [ləprəmjɛrãfã]

Man spricht keine „liaison“

- nach **et**: vingt et un [vɛ̃te œ̃]
- vor **h aspiré**: en haut [ã o], les handicapés [le ɑ̃dikape]

Bei der liaison in Fällen wie **un ami** [œnami] oder **bon appétit** [bɔnapeti], bei dem ein Vokal auf m oder n folgt, entfällt der vorhergehende Nasal.

Die Aussprache von c und g bei nachfolgendem Vokal

Normalerweise wird **c** *bzw.* **g** vor **a**, **o** und **u** wie [k] bzw. [g] und vor **e** und **i** wie [s] bzw. [ʒ] ausgesprochen:

camarade [kamarad], **c**ouper [kupe],
élé**g**ant [elegɑ̃], **g**uitare [gitar], mé**g**ot [mego],
ceci [səsi], **gé**ant [ʒeɑ̃], ma**gi**e [maʒi]

Vorsicht!

Das **u** wird nach **g** nicht ausgesprochen!
Ausnahme: **aiguille** [egɥij]

Erinnern Sie sich an die Cedille aus dem vorigen Kapitel?

In manchen Fällen (z. B. bei Verben auf ***-cer*** und ***-ger***) steht **ç** bzw. **-ge-**, damit die Aussprache [s] bzw. [ʒ] auch vor einem **a**, **o** oder **u** erhalten bleibt:

il commen**ç**ait [kɔmɑ̃sɛ] (von *commencer*), **ç**a [sa] (von *cela*) usw.
il man**ge**ait [mɑ̃ʒɛ] (von *manger*), nous chan**ge**ons [ʃɑ̃ʒɔ̃] (von *changer*)

Das „h muet“ und das „h aspiré“

Im Französischen wird der Laut „h“ nicht ausgesprochen. Trotzdem gibt es Unterschiede zwischen „h muet“ und „h aspiré“:

Die Begriffe ***h muet*** und ***h aspiré*** werden [aʃmyɛ] und [aʃaspire] ausgesprochen.

Wörter mit **h muet**	Wörter mit **h aspiré**
verhalten sich wie Wörter, die mit ***Vokal*** beginnen:	verhalten sich wie Wörter, die mit ***Konsonant*** beginnen:
• Apostroph bei Artikel oder Pronomen: *l'homme, j'habite à Paris*	• kein Apostroph bei Artikel oder Pronomen: *le haricot, je hurle*
• „liaison“: *les huitres* [lezɥitrə], *à dix heures* [adizœr]	• keine „liaison“: *le haricot* [lə ariko]

Welche Wörter mit ***h muet*** und welche mit ***h aspiré*** ausgesprochen werden, muss man lernen. Es gibt weniger Wörter mit ***h aspiré*** als mit ***h muet.*** Hier sind einige der wichtigsten mit ***h aspiré***:

la hache	*die Axt, das Beil*	haut	*hoch*
hacher	*hacken*	la hauteur	*die Höhe*
le hachis	*das Hackfleisch*	hennir	*wiehern*
la haie	*die Hecke*	le hérisson	*der Igel*
la haine	*der Hass*	la hiérarchie	*die Hierarchie*
le hamburger	*der Hamburger*	le homard	*der Hummer*
le harcèlement	*die Belästigung*	hollandais	*holländisch*
le hareng	*der Hering*	la honte	*die Schande, die Scham*
la harpe	*die Harfe*	le hors-d'œuvre	*die Vorspeise*
le haricot	*die Bohne*	huit	*acht*
le hasard	*der Zufall*	hurler	*brüllen*

Tipp

In Wörterbüchern werden Wörter mit ***h aspiré*** oft mit einem Sternchen *, einem kleinen Kreis ° oder einem anderen Symbol gekennzeichnet.

3 Setzen Sie die passenden Wörter ein!

1. vert verre ver

Il y a un .... dans mon ....

2. seau sot saut

Faire un .... dans un ...., c'est vraiment ....!

3. voie voix vois

Je ne .... plus la ...., dit-elle d'une .... étouffée.

4. murs mûres mûres

Les .... sur les .... ne sont pas encore ....

4 Welche Wörter bilden Reimpaare? Ordnen Sie zu!

1. caoutchouc **a)** cul

2. intense **b)** dettes

3. sept **c)** sens

4. vue **d)** coucou

Lerntipp

Auch im Französischen gibt es Zungenbrecher. Hier ist einer, bei dem man auch sehr schön die verschiedenen Nasale üben kann:
« Un chasseur sachant chasser chasse sans son chien. »
Versuchen Sie es einmal!

Typische Fehlerquellen in Rechtschreibung und Aussprache – kurz und knapp

Rechtschreibung

Auch bei der Rechtschreibung gibt es **falsche Freunde** wie a**g**ressif, cam**a**rade oder gira**f**e, auf die Sie besser nicht hereinfallen.

Die **Akzente** sind nicht nur für die Aussprache, sondern auch für die Bedeutung vieler Wörter wichtig.

Viele **Verb, Plural- und Femininendungen** werden nicht ausgesprochen, sodass sich unterschiedliche grammatische Formen zwar gleich anhören, aber trotzdem eine andere Schreibung haben:

je parl**e** [parl], tu parl**es** [parl], ils parl**ent** [parl]

Für die **Groß- und Kleinschreibung** gelten im Französischen andere Regeln als im Deutschen.

Zeichensetzung

Auch die Verwendung des **Kommas** ist im Französischen anders geregelt als im Deutschen.

Aussprache

Die französische Aussprache hat für deutsche Lerner ihre Tücken, weil viele Buchstaben anders als im Deutschen ausgesprochen werden. Einige Wörter wie **oignon** oder **œufs** weichen sogar von den französischen Ausspracheregeln selbst ab.

Viele Wörter hören sich gleich an, werden aber anders geschrieben und einige werden zwar gleich geschrieben, aber trotzdem ganz anders ausgesprochen.

Die ***liaison***, die Aussprache von **c** und **g** und die Regeln für die Aussprache des **„h aspiré“** sind weitere Spezialitäten des Französischen, die für deutsche Muttersprachler leicht zu Stolperfallen werden können.

Avez-vous compris ? Machen Sie den Zwischentest zu Rechtschreibung und Aussprache!

1 **Schreiben Sie neu und ergänzen Sie die Akzente und andere Zeichen!**

1. litterature ....

2. controle ....

3. Noel ....

4. lecon ....

2 **Ergänzen Sie die Artikel *le*, *la* oder *l'* und markieren Sie *h aspiré* mit einem Sternchen!**

1. __ hamburger ❑

2. __ hôpital ❑

3. __ haricot ❑

4. __ heure ❑

5. __ hauteur ❑

6. __ hors d'œuvre ❑

7. __ huitre ❑

8. __ haine ❑

3 Korrigieren Sie den folgenden Text. Er enthält 14 Schreibfehler!

Hier, j'ai fait un tour à velo avec mon ami Valérie. Nous sommes parties a sept heures du matin, car en eté, sa commençe à faire assez chaud mème avant midi. À onze heures trente, nous avons fais un pique-nique pour nous reconforté et nous sommes rentré à la maison á environ treize heures. L'après-midi, on sait beigner dans la piscine. Une journee parfaite !

....

....

....

....

....

....

....

4. Anhang

4.1 Alors... vous avez vraiment compris ? Machen Sie den Abschlusstest!

1 Unterstreichen Sie die richtige Variante!

1. Qui / Que chante cette chanson ?
2. Qui / Que voulez-vous boire ?
3. Qui / Que nous montre le guide ?
4. Qui / Que attendez-vous ?

2 Ergänzen Sie das Kuchenrezept mit dem jeweils korrekten Artikel oder Teilungsartikel!

Pour le gâteau, il me faut...

...... farine, ... sucre, ... œufs, ... raisins secs et ...... arôme de vanille.

3 Setzen Sie die folgenden Ausdrücke ins Femininum!

1. frais	une boisson	
2. vieux	une	dame
3. long	une	route
4. beau	une	maison

4 Welches Wort fehlt hier? Kreuzen Sie die richtige Lösung an und schreiben Sie die Übersetzung auf!

1. J'ai ... dans la gorge.

a ❑ un escargot

b ❑ un chat

Ich habe ....

2. Il a ... dans le plafond.

a ❑ un papillon

b ❑ une araignée

Er ....

3. Aujourd'hui, je ne suis pas dans ....

a ❑ mon assiette.

b ❑ ma maison.

Heute ....

4. Elle a filé ...

a ❑ à la turque.

b ❑ à l'anglaise.

Sie ....

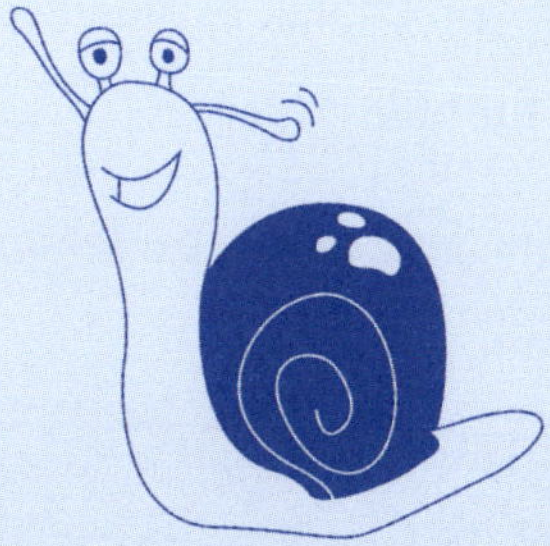

5 Vervollständigen Sie die folgenden Sätze!

1. Lucie habite dans un petit Wohnung ....

2. Marjorie aime manger de la Eiscreme ....

3. Elle lui a acheté un Herrenanzug ....

4. Ce mot est trop ordinär ....

6 Beschreiben Sie die Tätigkeiten nach dem folgenden Muster!

Pour ma fête, je dois faire un gâteau.
Il faut que je fasse un gâteau.

1. Je dois préparer les sandwichs.

Il faut que je ....

2. Tu dois mettre les boissons au frais.

Il faut que tu ....

3. Luc doit choisir la musique.

Il faut qu'il ....

4. Vous devez nous prêter votre appareil photo.

Il faut que vous ....

7 Setzen Sie die Verben in den Subjonctif!

1. Mon père veut que j' apprendre .... le latin.

2. J'ai peur que tu ne tomber ....

3. Il est important qu'il dire .... la vérité.

4. Je mange bien que je n' avoir .... pas faim.

8 Formulieren Sie nach dem folgenden Muster um!

1. Anne est une mauvaise chanteuse.

Anne chante mal.

2. Marc est un bon joueur de foot.

....

3. Marie donne une brève explication.

....

4. Luc est un auditeur attentif.

....

9 Übersetzen Sie die folgenden Begriffe mit jeweils zwei passenden französischen Wörtern und nennen Sie die Bedeutungsunterschiede!

1. Fluss .... (..................) .... (..................)

2. wenn .... (..................) .... (..................)

3. Farbe .... (..................) .... (..................)

4. Straße .... (..................) .... (..................)

10 Wird der Endkonsonant gesprochen ✔ oder nicht – ?

1. chut ❑

2. neuf ❑

3. respect ❑

4. ours ❑

5. sans ❑

6. sens ❑

11 Bilden Sie die entsprechenden Adverbien!

1. heureux ....

2. fréquent ....

3. bon ....

4. gentil ....

5. bref ....

6. mauvais ....

12 Kreuzen Sie jeweils die richtige Übersetzung an!

1. Er hat einen dicken Bauch.

a ❑ Il a un ventre gros.

b ❑ Il a un gros ventre.

2. Zieh eine saubere Hose an!

a ❑ Mets un propre pantalon !

b ❑ Mets un pantalon propre !

3. Vincent ist ihr einziger Sohn.

a ❑ Vincent est leur fils seul.

b ❑ Vincent est leur seul fils.

4. Bringen Sie mir eine doppelte Portion!

a ❑ Apportez-moi une double portion !

b ❑ Apportez-moi une portion double !

13 *Dans* oder *en*?

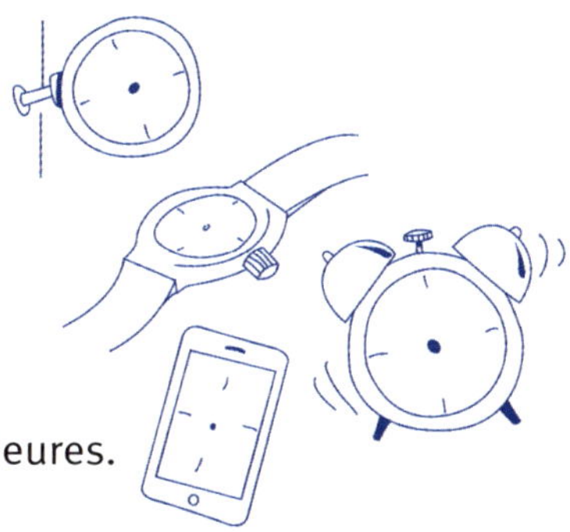

1. Elle a deviné son nom .... une seconde.

2. On se revoit .... deux semaines.

3. Elle doit rentrer .... quelques minutes.

4. Nous avons fait le trajet .... moins de cinq heures.

14 Übersetzen Sie und setzen Sie die korrekten Akzente!

1. wo ....
2. Sommer ....
3. Pfanne ....
4. dort ....

15 Übersetzen Sie ins Deutsche! Es gibt immer zwei Möglichkeiten!

1. sa voiture : .... / ....
2. ses lunettes : .... / ....
3. son chat : .... / ....
4. sa chienne : .... / ....

16 Übersetzen Sie die Wörter und bilden Sie Reimpaare aus den französischen Übersetzungen!

Blume heiß Mutter Herz salzig Eimer
gehen machen

1. .... – ....
2. .... – ....
3. .... – ....
4. .... – ....

17 Ergänzen Sie nach folgendem Muster:

Tu veux des bonbons ? *(oui, je, vouloir)*

Oui, j'en veux.

1. Au cinéma, il y a un nouveau film. *(on, parler beaucoup)*

....

2. Vous avez des éclairs ? *(non, je, ne plus avoir)*

....

3. Voilà de vin rouge. *(tu, me, donner ?)*

....

4. Au supermarché, il y a des fraises en promotion. *(je, acheter, un kilo)*

....

18 Ordnen Sie die Fortbewegungsmittel in die Liste ein!

train   métro   bateau   vélo   avion   cheval   pied   voiture

à	en

4.2 Lösungen

Wortschatz

1.1 Faux amis

Übung 1: **1.** un trésor **2.** un coffre-fort **3.** un verre **4.** une glace

Übung 2: **1.** Tu peux me donner un comprimé ? **2.** Il vit dans un petit studio. **3.** Qu'est-ce qu'il y a dans la valise ? **4.** J'ai mangé une tablette de chocolat.

Übung 3: **1.** de palmiers **2.** cet appareil **3.** un banc

Übung 4: **1.** un **2.** à la **3.** un **4.** la

1.2 Sprichwörter und Redewendungen

Übung 5: **1.** Ma tante est connue comme le loup blanc dans notre ville. **2.** Je ne suis pas dans mon assiette, aujourd'hui. **3.** Mon frère est une grosse légume dans la politique. **4.** J'ai un chat dans la gorge.

Übung 6: **1.** une mémoire de lièvre **2.** gueule de bois **3.** file à l'anglaise **4.** de lynx

1.3 Ein deutsches Wort – mehrere französische Wörter

Übung 7: **1.** Regarde **2.** entendu **3.** devant **4.** prêté **5.** un sentiment

Übung 8: **1.** Comment **2.** comme **3.** Comment **4.** comme

Übung 9: **1.** ballon **2.** balle **3.** ballon **4.** balle

Übung 10: **1.** c **2.** g **3.** f **4.** d **5.** b **6.** a **7.** e

1.4 Hilfs-, Modal- und Funktionsverben

Übung 11: **1.** peux **2.** sait **3.** sait **4.** peux

Übung 12: **1.** fait **2.** faire **3.** Laisse **4.** fait

Übung 13: **1.** sauté **2.** s'est promené **3.** a marché **4.** a disparu **5.** s'est marié **6.** est allé

1.5 Die Zahlen

Übung 14: 1. 41 **2.** 73 **3.** 78 **4.** 84 **5.** 92 **6.** 397

Übung 15: 1. 67 (soixante-sept) **2.** 71 (soixante et onze) **3.** 81 (quatre-vingt-un) **4.** 74 (soixante-quatorze) **5.** 96 (quatre-vingt-seize) **6.** 511 (cinq cent onze)

Übung 16: 1. 1993 (dix-neuf cent quatre-vingt-treize/mille neuf cent quatre-vingt-treize) **2.** 1947 (dix-neuf cent quarante-sept/mille neuf cent quarante-sept) **3.** 1995 (dix-neuf cent quatre-vingt-quinze/mille neuf cent quatre-vingt-quinze) **4.** 1954 (dix-neuf cent cinquante-quatre/mille neuf cent cinquante-quatre)

Zwischentest Wortschatz

Übung 1: 1. Kompott **2.** Schatz **3.** tapfer, ehrlich **4.** Künstler

Übung 2: 1. une journée **2.** une année **3.** tous les matins **4.** toute la soirée

Übung 3: 1. J'ai parlé. **2.** Il a déménagé. **3.** Nous avons nagé. **4.** Tu as couru.

Übung 4: 1. sait **2.** fait **3.** donne **4.** doit **5.** fait

Übung 5: 1. quarante-quatre **2.** cent trente-huit **3.** dix-sept **4.** deux mille huit cent quatre-vingt-deux **5.** trente-six **6.** deux cent douze

Übung 6: 1. une belle tour (un beau tour) **2.** conservatif (conservateur) **3.** clavier (piano) **4.** apparat (appareil)

Grammatik

2.1 Singular und Plural

Übung 1: 1. des animaux dangereux **2.** de beaux messieurs **3.** des gâteaux savoureux **4.** des journaux internationaux

Übung 2: 1. yeux, cheveux. **2.** bijoux, précieux. **3.** châteaux **4.** sérieux.

Übung 3: 1. Elle n'aime pas les épinards. **2.** J'ai deux paires de lunettes. **3.** Il travaille dans les archives.

2.2 Genus und Artikel

Übung 4: **1.** une **2.** la **3.** une **4.** un **5.** un

Übung 5: **1.** une cèlébre auteur **2.** Madame la juge **3.** architecte **4.** un témoin important

Übung 6: **1.** des, du, de **2.** d' **3.** de l' **4.** de

Übung 7: **1.** il n'y a pas de neige **2.** j'ai trouvé du travail **3.** nous ne voulons pas de fruits **4.** il a fait des progrès

2.3 Die Verben

Übung 8: **1.** vient **2.** peut **3.** a **4.** fait **5.** est **6.** pris **7.** veulent **8.** sache **9.** vont **10.** est **11.** Demandons **12.** viennent

Übung 9: **1.** – **2.** à **3.** à **4.** de la

Übung 10: **1.** s'appelle **2.** bouge **3.** me noyer **4.** tourne

Übung 11: **1.** a téléphoné, a lu, a bu **2.** j'ai rencontré, habitait **3.** prenait, a entendu

2.4 Adjektive und Adverbien

Übung 12: **1.** bel **2.** nouvel **3.** vieil

Übung 13: **1.** super **2.** gris souris, bleu vert, aubergine **3.** sympa **4.** bon marché
Es fällt auf, dass alle Formen unveränderlich sind.

Übung 14: **1.** robe tomate **2.** murs océan **3.** pulls pomme **4.** bougies aubergine, nappe cerise

Übung 15: **1.** c **2.** d **3.** a **4.** e **5.** b

2.5 Die Präpositionen

Übung 16: **1.** Elle apprend à calculer. **2.** Arrête de critiquer mon français. **3.** Il n'a jamais oublié son rêve de voyager autour du monde. **4.** J'ai essayé de traduire le texte.

Übung 17: **1.** sous **2.** à **3.** sur **4.** dans

Übung 18: **1.** en **2.** en **3.** à **4.** du

Übung 19: **1.** au **2.** chez **3.** à **4.** chez

2.6 Die Pronomen

Übung 20: **1.** Je le lui écris. **2.** Tu les lui prêtes ? **3.** Il l'y accompage. **4.** Elle leur en donne trop.

Übung 21: C'est madame Müller. Je la connais bien. Elle a deux fils. Ils s'appellent Lukas et Felix. Je leur demande : « Aidez-vous votre mère à faire le ménage ? »

Übung 22: C'est Susi. Je vis avec elle dans un appartement. Je prends souvent son vélo ou sa voiture et lui donne mon portable. Parfois, les gens nous demandent : « Êtes-vous un couple ? »

Übung 23: **1.** que **2.** qui **3.** qui **4.** que

2.7 Die Verneinung

Übung 24: **1.** Non, il ne vient pas samedi. **2.** Non, elle ne s'appelle pas Marianne. **3.** Non, il n'est pas fermé. **4.** Non, je ne leur ai pas donné mon adresse.

Übung 25: **1.** Je ne mange qu'une salade à midi. **2.** Elle ne lit que des polars. **3.** Il ne parle qu'avec des gens qu'il connaît. **4.** Je n'ai qu'un jean.

Übung 26: **1.** Non, je n'attends personne ce soir. **2.** Non, il ne raconte jamais des blagues. **3.** Non, elle n'a rien dit. **4.** Non, je ne veux plus de gâteau.

Zwischentest Grammatik

Übung 1: **1.** mesdames **2.** des pays **3.** des animaux **4.** des yeux

Übung 2: **1.** Virginie est un médecin. **2.** Ma mère est un auteur. **3.** Susanne est un architecte. **4.** Il y a un témoin.

Übung 3: **1.** du **2.** de la **3.** du **4.** de **5.** des **6.** de la

Übung 4: **1.** toutes **2.** tout **3.** tous **4.** Tout

Übung 5: **1.** fasses **2.** est **3.** soit **4.** a

Übung 6: **1.** belle **2.** intélligent **3.** vieux **4.** demie

Übung 7: **1.** à **2.** de **3.** à **4.** à

Übung 8: **1.** Je le lui donne. **2.** Tu la lui racontes. **3.** Je les y mets. **4.** Je me la suis préparée.

3. Rechtschreibung und Aussprache

3.1 Rechtschreibung

Übung 1: 1. agressif **2.** rôle **3.** fonctionner **4.** cigare **5.** littérature **6.** contrôler **7.** girafe **8.** cigarette

Übung 2: 1. sur, côté, la **2.** là **3.** Où, sur **4.** sûre, la Côte

3.2 Aussprache

Übung 3: 1. Il y a un ver vert dans mon verre. **2.** Faire un saut dans un seau, c'est vraiment sot. **3.** Je ne vois plus la voie, dit-elle d'une voix étouffée. **4.** Les mûres sur les murs ne sont pas encore mûres.

Übung 4: 1. d **2.** c **3.** b **4.** a

Zwischentest Rechtschreibung und Aussprache

Übung 1: 1. littérature **2.** contrôle **3.** Noël **4.** leçon

Übung 2: 1. le hamburger (*) **2.** l'hôpital **3.** le haricot (*) **4.** l'heure **5.** la hauteur (*) **6.** le hors-d'œuvre (*) **7.** l'huitre **8.** la haine (*)

Übung 3: 1. velo (vélo) **2.** ami (amie) **3.** a (à) **4.** eté (été) **5.** sa (ça) **6.** commençe (commence) **7.** mème (même) **8.** fais (fait) **9.** reconforté (réconforter) **10.** rentré (rentrées) **11.** á (à) **12.** on sait (on s'est) **13.** beigner (baigner) **14.** journee (journée)

4.1 Abschlusstest

Übung 1: **1.** Qui **2.** Que **3.** Que **4.** Qui
Übung 2: De la, du, des, des, de l'
Übung 3: **1.** fraîche **2.** vieille **3.** longue **4.** belle
Übung 4: **1.** b (Ich habe einen Frosch im Hals.) **2.** b (Er hat nicht alle Tassen im Schrank.) **3.** a (Heute fühle ich mich nicht wohl.) **4.** b (Sie hat sich auf Französisch verabschiedet.)
Übung 5: **1.** appartement **2.** glace **3.** costume **4.** vulgaire
Übung 6: **1.** prépare les sandwichs **2.** mettes les boissons au frais **3.** choisisse la musique **4.** nous prêtiez votre appareil photo
Übung 7: **1.** apprenne **2.** tombes **3.** dise **4.** aie
Übung 8: **1.** Anne chante mal. **2.** Marc joue bien au football. **3.** Marie explique brièvement. **4.** Luc écoute attentivement.
Übung 9: **1.** rivière (groß), fleuve (klein) **2.** quand (Zeit), si (Bedingung) **3.** couleur (Eigenschaft), peinture (Material) **4.** rue (Straße, Weg), route (Autostraße, Fahrbahn)
Übung 10: **1.** ✓ **2.** ✓ **3.** – **4.** ✓ **5.** – **6.** ✓
Übung 11: **1.** heureusement **2.** fréquemment **3.** bien **4.** gentiment **5.** brièvement **6.** mal
Übung 12: **1.** b **2.** b **3.** b **4.** a
Übung 13: **1.** en **2.** dans **3.** dans **4.** en
Übung 14: **1.** où **2.** été **3.** poêle **4.** là

Übung 15: **1.** ihr Auto / sein Auto **2.** ihre Brille / seine Brille **3.** ihre Katze / seine Katze **4.** ihre Hündin / seine Hündin
Übung 16: **1.** fleur – cœur **2.** chaud – seau **3.** mère – faire **4.** salé – aller
Übung 17: **1.** On en parle beaucoup. **2.** Non, j'en ai plus. **3.** Tu m'en donnes ? **4.** J'en achète un kilo.
Übung 18: **1.** à vélo, à cheval, à pied **2.** en train, en métro, en bateau, en avion, en voiture

4.3 Register